Martin Patzek (Hg.)
Caritas plus …

Caritas plus ...

Qualität hat einen Namen

Herausgegeben von Martin Patzek

Verlag Butzon & Bercker Kevelaer

Quellennachweis

S. 10: Die Bibeltexte wurden entnommen aus: Einheitsübersetzung der Heiligen Schrift, © 1980 Katholische Bibelanstalt, Stuttgart.

Bibliografische Information Der Deutschen Bibliothek

Die Deutsche Bibliothek verzeichnet diese Publikation in der Deutschen Nationalbibliografie; detaillierte bibliografische Daten sind im Internet über http://dnb.ddb.de abrufbar.

Das Gesamtprogramm
von Butzon & Bercker
finden Sie im Internet
unter www.bube.de

ISBN 3-7666-0612-3

© 2004 Verlag Butzon & Bercker D-47623 Kevelaer
Alle Rechte vorbehalten
Umschlaggestaltung: Christoph Kemkes, Geldern
Satz: SatzWeise, Föhren
Druck und Bindung: Koninklijke Wöhrmann B. V., Zutphen (NL)

Inhalt

Vorwort 7

Franz Vorrath
Glaube, der in der Caritas wirksam ist
*Predigt bei der Eucharistiefeier im Rahmen der Fachtagung
„Caritas plus ..."* 11

Martin Patzek
Caritas und ihre Qualität
Leitbilder in Verbänden, Diensten und Einrichtungen der Caritas 18

Statements von Leitbildbeauftragten
aus Verband, Klinik, Seniorenzentrum und Ambulanz

Andreas Bik
Stiftung St. Ludgeri, Essen 41

Georg Bonerz
Katholisches Altenwohnheim und Pflegeheim
Marienhaus, Essen, gGmbH 43

Rolf Groeger
Katholische Alten- und Pflegeheime Essen mGmbH 45

Agnes Holling
Landes-Caritasverband für Oldenburg e. V. und Caritas-
Sozialwerk St. Elisabeth, Vechta, e. V. und gGmbH . . 47

Markus Kampling
Katholische Pflegehilfe Essen e. V. und mGmbH . . . 49

Otfried Priegnitz
Katholisches Krankenhaus St. Elisabeth, Hattingen-
Blankenstein, gGmbH 51

Meinolf Roth
Theresia-Albers-Stiftung, Hattingen-Bredenscheid . . 54

Günter Schroeder
Katholisches Altenzentrum St. Josefshaus,
Witten-Herbede, gGmbH 56

Hans Kramer
Caritas und ihre Mitarbeiter(innen)
Ethische Grundsätze und praktische Konsequenzen 60

Günter Riße
Caritas und Diakon/Diakonat
Mitsorge für den diakonischen Grundauftrag der Kirche . . . 80

Herbert Fendrich
Caritas und Kunst
„Herr, öffne meine Augen"
Über einige Zusammenhänge von Ethik und Ästhetik 97

Arndt Büssing/Thomas Ostermann
Caritas und ihre neuen Dimensionen
Spiritualität und Krankheit 110

Anhang

Zu den Collagen des Künstlers Peter Beckmann 134

Kurzbiographie Peter Beckmann 136

Autorenverzeichnis 137

Veröffentlichungen von Martin Patzek 142

Vorwort

Kirchliche Caritas ist das Wahrnehmen von Not und die Zuwendung zu dem, der Not leidet. Sie ist begründet in der Art und Weise, wie Gott selbst sich den Menschen mitteilt. Caritas ist die Sprache der Verkündigung, die der Grammatik Gottes, die der Logik seines Handelns folgt. Die Kirche kann ihrem Auftrag, in der Nachfolge Jesu Zeichen und Werkzeug des Heils in der Welt zu sein, nur gerecht werden, wenn sie sich an diese Grammatik, an diese Logik hält. Ohne die Dimension der Caritas verlieren auch die Liturgie und die Verkündigung ihren Bezugspunkt zur Wirklichkeit. Was soll dort gefeiert und gepredigt werden, wenn nicht die Erfahrung, dass die liebende Zuwendung Gottes bereits Realität ist, dass das Reich Gottes schon unter uns angebrochen ist?

Deshalb kann die Kirche auf die Caritas nicht verzichten, um sich – wie manchmal gefordert wird – wieder stärker auf die Liturgie und die Verkündigung, das vermeintlich „Eigentliche" des Glaubens, zu konzentrieren. Dieses „Eigentliche" neben der Caritas ist eine Konstruktion, welche die Botschaft Jesu verharmlost. Auf diese Weise wird die Hoffnung auf Erlösung ohne wirklichen Bezug zum Hier und Jetzt auf ein fernes Jenseits vertröstet und das wirklich Neue, die eigentliche Frohe Botschaft, unterschlagen.

Umgekehrt braucht die Caritas in all ihren Strukturen und Einrichtungen den Zuspruch Gottes in der Verkündigung und die Feier des Heils in der Liturgie. Nur die Offenheit für diese Dimensionen kirchlichen Lebens bewahrt sie vor dem spirituellen Austrocknen und erlaubt ihr, ein unverwechselbares christliches Profil zu zeigen.

Solche Einsichten gehören nicht nur in Vorworte. Sie bilden die Grundlage caritativen Handelns. Sie werden gelebt und müssen zur Sprache gebracht werden in Einrichtungen und Diensten, in ihren Teams und Leitbildern. Dazu braucht es Menschen, die selbst vom Geist der Caritas gepackt sind. „Lust auf Caritas und Diakonie", so lautet der Titel einer der zahlreichen Veröffentlichungen von Martin Patzek. Diese Lust auf Caritas und Diakonie bewegt ihn seit Jahren in seiner Arbeit als Priester, als Theologe, als Caritaswissenschaftler.

1986 erhielt Martin Patzek nach Stationen in der Pfarr-, Militär- und Hochschulseelsorge die Beauftragung als Geistlicher Begleiter der Caritas-Konferenzen Deutschlands auf Bundesebene. 1989 folgte die Promotion im Arbeitsbereich Caritaswissenschaft an der Katholisch-Theologischen Fakultät der Albert-Ludwigs-Universität in Freiburg. Im Duisburger Ortscaritasverband arbeitete er als Geschäftsführer mit dem Titel Caritasdirektor. 1998 übernahm Martin Patzek die Aufgabe der geistlichen Begleitung der Mitarbeiterinnen und Mitarbeiter der Caritas im Bistum Essen. Am Erzbischöflichen Diakoneninstitut Köln ist er als Dozent für Caritaswissenschaft tätig.

Der Lust auf Caritas und Diakonie des Autors und Herausgebers Martin Patzek verdanken wir auch das vorliegende Buch. In ihm spiegelt sich nicht primär die Freude am Schreiben über die Caritas, sondern die Freude des Engagements in der caritativen Arbeit. Anlässlich seines 60. Geburtstages hat Martin Patzek gemeinsam mit dem Verlag Butzon & Bercker eine besondere Form der Feier gewählt. Freunde, Bekannte und Weggefährten wurden zu einer Fachtagung mit dem Titel „Caritas plus ..." eingeladen.

Der vorliegende Band dokumentiert die Beiträge dieser Fachtagung. Thema ist die Qualität der Caritas – ob organisch in Kirche und Gemeinde oder organisiert in Diensten, Verbänden und Einrichtungen. Es geht um Leitbildprozesse, um die Caritas und ihre Mitarbeiterinnen und Mitarbeiter, um den kirchlichen Dienst des Diakons, um geistliche Begleitung und um Spuren der Caritas in der Kunst. Wer der Caritas der Kirche verbunden ist, wird die Beiträge mit Gewinn lesen. Ein echtes Plus.

+ Franz Vorrath
Weihbischof in Essen

Hungrige speisen
Collage zu Julius Schnorr von Carrolsfeld (1794–1872), Die wunderbare Speisung des Volkes, 1860 (?), Holzschnitt

Glaube, der in der Liebe wirksam ist

Zur Freiheit hat uns Christus befreit.
Bleibt daher fest und lasst euch nicht von neuem
das Joch der Knechtschaft auflegen!
Hört, was ich, Paulus, euch sage:
Wenn ihr euch beschneiden lasst,
wird Christus euch nichts nützen.
Ich versichere noch einmal jedem, der sich beschneiden lässt:
Er ist verpflichtet, das ganze Gesetz zu halten.
Wenn ihr also durch das Gesetz gerecht werden wollt,
dann habt ihr mit Christus nichts mehr zu tun;
ihr seid aus der Gnade herausgefallen.
Wir aber erwarten die erhoffte Gerechtigkeit
kraft des Geistes und aufgrund des Glaubens.
Denn in Jesus Christus kommt es nicht darauf an,
beschnitten oder unbeschnitten zu sein, sondern darauf,
den Glauben zu haben, der in der Liebe wirksam ist.

Galaterbrief 5,1–6

Gebt Almosen, dann ist für euch alles rein

Nach dieser Rede lud ein Pharisäer Jesus zum Essen ein.
Jesus ging zu ihm und setzte sich zu Tisch.
Als der Pharisäer sah, dass er sich vor dem Essen
nicht die Hände wusch, war er verwundert.
Da sagte der Herr zu ihm: O ihr Pharisäer!
Ihr haltet zwar Becher und Teller außen sauber,
innen aber seid ihr voll Raubgier und Bosheit.
Ihr Unverständigen! Hat nicht der, der das Äußere schuf,
auch das Innere geschaffen?
**Gebt lieber, was in den Schüsseln ist, den Armen,
dann ist für euch alles rein.**

Lukasevangelium 11,37–41

Franz Vorrath

Glaube, der in der Caritas wirksam ist

Predigt bei der Eucharistiefeier im Rahmen der Fachtagung „Caritas plus ..."

Liebe Mitchristen!

Bringen wir die Caritas mit einem Plus in Verbindung? Ich möchte mit dieser Frage an Sie beginnen, denn der Titel unserer Fachtagung lässt vielfältige Assoziationen zu. Caritas plus? Hat es die Caritas nicht vor allem mit Menschen zu tun, deren Leben durch ein Minus gekennzeichnet ist? Unsere Dienste und Einrichtungen, unsere Caritasgruppen und Initiativen mit den vielen ehrenamtlich tätigen Frauen und Männern begegnen doch vor allem denjenigen, denen etwas fehlt.

Den Kranken fehlt die Gesundheit, den Behinderten die volle Leistungsfähigkeit, den Alten die Jugend, den Erwerbslosen die Arbeitsstelle, den Obdachlosen ein Zuhause, den Flüchtlingen, Aussiedlern und Arbeitsmigranten die Heimat, den Überschuldeten das Geld, den verzweifelten Schwangeren die Lebensperspektive mit einem Kind, den Sterbenden die ganzheitliche Begleitung.

Caritas plus – können wir diese vielen Minuszeichen durch unseren Einsatz in der Caritas in Pluszeichen verwandeln? Oder geraten wir nicht oft selbst in den Sog des Minus? Welches Ansehen haben die sozialen Berufe in einer Zeit, in der man den Eindruck hat, das Heil hänge allein von Wachstumszahlen, Börsenkursen und steigender Nachfrage der Konsumenten ab?

Caritas plus – da schwingt auch die Frage mit, was denn das Plus, das Besondere der organisierten Caritas gegenüber anderen Anbietern auf dem Markt der sozialen Dienstleistungen, ist. Qualität hat einen Namen, und zwar Caritas – so heißt es im Untertitel unserer Tagung. Gibt es einen qualitativen Unterschied zwischen einem kirchlichen Krankenhaus oder Altenheim und einem nicht konfessionellen Träger? Wie macht sich dieser Unterschied bemerkbar – für Patienten, Bewohner, Klienten, aber auch für Mitarbeiterinnen und Mitarbeiter?

Die Spritze – so wird oft gesagt – wird nicht anders gesetzt. Selbstverständlich sind Fachlichkeit und Professionalität die Grundlage jedes caritativen Dienstes. Doch bei Fachlichkeit und Professionalität gibt es auf den ersten Blick nicht die Unterscheidung zwischen christlich und nicht christlich, zwischen katholisch, evangelisch und ungetauft, sondern allein zwischen richtig und falsch.

Zudem werden immer öfter fachliche Standards von außen gesetzt. Weil Gesetzgeber und Kostenträger Qualität bei allen Trägern sichern müssen und wollen, geben sie immer detaillierter vor, was getan und unterlassen werden soll. In unserem Nachbarland Holland, so war in der Zeitung zu lesen, geht dies schon so weit, dass ein katholisches Krankenhaus aktive Sterbehilfe betreibt, weil es sonst finanzielle Nachteile durch die Krankenkassen befürchtet.

Caritas plus – liegt das Plus, die besondere Qualität, dann vielleicht in einem Mehr im Bereich der menschlichen Zuwendung? Dieser Ausweg scheint in Zeiten des Marktes und des Wettbewerbs im Bereich der Gesundheitsdienste und der sozialen Dienste ebenfalls versperrt. Ein Plus an Zuwendung bedeutet heute mehr Zeit, mehr Personal und damit mehr Kosten, also betriebswirtschaftlich ein Minus. Soll dieses Minus von den Hilfesuchenden ausgeglichen, sprich bezahlt, werden? Meistens gehören sie doch gerade zu denen, die nichts haben oder denen so gut wie nichts geblieben ist.

Soll das Plus an Zuwendung dann vielleicht zu Lasten der Mitarbeiterinnen und Mitarbeiter gehen? Auch das kann nicht im Sinne der Caritas sein. Die vielen Mitarbeiterinnen und Mitarbeiter, die nicht nur mit ihrem beruflichen Können, sondern auch mit großem Engagement und Idealismus bei der Caritas arbeiten, tun dies doch auch mit einer bestimmten Erwartung. Auch sie hoffen, bei der Caritas, in diesem Fall beim Arbeitgeber Caritas, ein Plus zu erfahren. Wir dürfen sie ebenso wenig enttäuschen wie die Hilfesuchenden.

Caritas plus – jeder von uns weiß, dass die Arbeit der Caritas und die Arbeit bei der Caritas von ihrem Grund her mehr ist als ein fachlich ordentlich erledigter Job, der sich an gesetzliche Vorgaben und Richtlinien der Kostenträger hält. Unsere Caritas ist die Antwort auf die liebende Zuwendung Gottes, die uns in Jesus Christus offenbart und geschenkt ist. Das Pluszeichen der Caritas ist das Kreuz als Zeichen dieser Liebe. Es steht für die Öffnung unseres menschlichen Lebens auf Gott hin.

Die horizontale Linie, die Dimension unseres eng begrenzten Lebens, wird durchbrochen durch die Vertikale, die Verbindung in ein neues, von Gott geschenktes Leben. Leiden, Schmerz, ja selbst der Tod ist im Kreuz geöffnet auf eine Welt, in der es all das nicht mehr geben wird. Das ist das Plus des Christentums, das Plus der Caritas.

Um wieder auf unser Leitwort zurückzukommen, könnte man sagen: Überall dort, wo zunächst nur die horizontale Linie zu sehen ist, sieht der Christ zusätzlich eine vertikale Linie. Dort, wo ein Minus vor der Klammer zu stehen scheint, setzt der Christ ein Plus, das den gesamten Inhalt der Klammer neu definiert.

Was heißt das nun konkret für die Arbeit der Caritas? In Jesus Christus kommt es darauf an, den Glauben zu haben, der in der Liebe wirksam ist, so schrieb schon Paulus an die Galater in dem Abschnitt, den wir heute als Lesung gehört haben (vgl. Gal 5,6). Wie also werden aus den schönen Worten erkennbare Taten? Wie kann die Caritas ein Plus vor die Klammer setzen?

Wenn ich noch einen Moment im mathematischen Bild bleibe, dann hat die Caritas als Erstes die Aufgabe, in ihrer Arbeit das christliche Plus überall dort vor die Klammer zu setzen, wo der Mensch auf die horizontale Dimension begrenzt wird. Dies geschieht heute immer dann, wenn die Qualität von sozialen Diensten und Gesundheitsdiensten genauso technisch definiert wird wie die Qualität zum Beispiel einer Autowerkstatt. Menschen sind aber keine Maschinen.

Die Begrenzung des Menschen auf die horizontale Dimension vollzieht sich auch dort, wo ökonomische Kriterien den Vorrang vor den Bedürfnissen der Notleidenden und Hilfesuchenden erhalten. Wenn alles nach dem Preis beurteilt wird, dann bleiben menschliche Werte auf der Strecke. Menschen haben keinen Preis, sondern eine gottgegebene Würde. Technische und ökonomische Steuerungssysteme transportieren unausgesprochene Voraussetzungen, die den Menschen – den Hilfesuchenden wie den Mitarbeiter – ihren Zielen unterordnen. Der Glaube an das Plus der Gottebenbildlichkeit stellt den Menschen in den Mittelpunkt. Seine Bedürfnisse stehen vor der Klammer. Ökonomie und Sozialtechnologie gehören in die Klammer und haben sich nach dem Vorzeichen der Würde des Menschen zu richten.

Diese Grundentscheidung für den Menschen macht die Qualität der Caritas aus. Das Plus des Glaubens ist keine Zusatzleistung, sondern die Basis, die alle Leistungen trägt und sie prägt. Hier ist die Caritas in ihrer anwaltschaftlichen Funktion gefordert. Die Caritas muss für Rahmenbedingungen, für Finanzierungsordnungen der sozialen Arbeit und der Gesundheitsdienste streiten, die sich an den Bedürfnissen der Menschen orientieren. Sie muss den Vorrang des Menschen vor der Ökonomie und der Technologie in den Leitbildern ihrer Einrichtungen verankern und bis in die einzelnen Abläufe hinein durchdeklinieren.

Eine zweite aktuelle Aufgabe der Caritas sehe ich mit Blick auf unsere Mitarbeiterinnen und Mitarbeiter. Das Plus der Caritas – so habe ich es gedeutet – ist das Kreuz als Zeichen des von Gott geschenkten neuen Lebens. Wer als getaufter und gefirmter Christ, das heißt als neugeborener und mit Gottes Geist erfüllter Mensch, an dieses neue Leben glaubt, wer an dieses richtige Leben mitten im vordergründigen, an dieses ewige Leben mitten im vergänglichen glaubt, für den bekommt alles, das ganze Leben und alles, was er tut, eine zusätzliche Bedeutung, eine neue Dimension, eine spirituelle

Durstige tränken
Collage zu Paolo Veronese (1528–1588), Die Hochzeit zu Kana, 1562/63

Tiefe. Ich spreche jetzt noch nicht speziell von der Caritas, sondern ganz allgemein vom Christsein.

Jeder Mensch, ob er an der Drehbank oder vor der Schulklasse steht, ob er im Büro oder im Leitstand eines Kraftwerks sitzt, arbeitet zunächst, um seinen Lebensunterhalt zu verdienen. Darüber hinaus sind mit der Arbeit weitere wesentliche Aspekte menschlichen Lebens verbunden: Selbstbestätigung, Selbstwertgefühl und Selbstverwirklichung durch verantwortliche Tätigkeit. Wer nun als Christ lebt und arbeitet, für den erhalten all diese profanen Arbeiten einen weiteren, besonderen Zusammenhang. Der Christ lebt und arbeitet in einem besonderen „Licht". Die Arbeit, das ganze Leben erhält eine besondere Grundierung, die auf den ersten Blick kaum zu sehen ist, so wie sich Salz oder Zucker in einer Flüssigkeit auflösen – für das Auge unsichtbar, aber nicht ohne Wirkung.

Im Licht des Glaubens betrachtet, ist das Leben nicht ein unerklärlicher Zufall, sondern ein Geschenk Gottes. Arbeit ist nicht nur Lebensunterhalt, sondern Mitwirkung am Schöpfungsauftrag. Der Kollege ebenso wie der Hilfesuchende oder Patient wird zum Nächsten. Liebe wird zum Zeichen für die Zuwendung Gottes und zum Hinweis auf eine Macht, die das irdische Leben überdauert. Die Hinwendung zu Armen und Notleidenden wird Nachvollzug der göttlichen Barmherzigkeit. Beim Erleben und Erleiden von Krankheit und Not schwingt immer die Hoffnung mit, dass es ein neues Leben ohne Tränen gibt und dass der Tod nicht das letzte Wort hat.

Diese christliche Sichtweise des Lebens ist heutzutage nicht mehr selbstverständlich. Immer öfter treffen wir auf Menschen, denen ein solches Weltbild nicht in die Wiege gelegt wurde und die dieses Weltbild nicht wir früher sozusagen mit der Muttermilch, also mit der christlichen Erziehung in der Familie, aufgesogen haben. Dazu kommt eine weit verbreitete Sprachlosigkeit in religiösen Fragen. Der eigene Glaube ist oft das letzte noch verbliebene Tabuthema in unserer Gesellschaft.

Wenn wir aber genau aus diesem Glauben heraus unseren Dienst bei der Caritas tun wollen, dann müssen wir mehr und mehr Formen entwickeln, uns nicht allein über die fachlichen

Aspekte unserer Arbeit auszutauschen, sondern auch über die spirituelle, die geistliche Dimension unseres Tuns. Unsere in der Caritas gelebte Gottesbeziehung muss sprechend werden.

Neben der Entwicklung aussagekräftiger Leitbilder, die dazu anleiten, das Plus der Caritas bis in die konkreten Tätigkeiten hinein umzusetzen, ist daher die Frage nach einer geistlichen Begleitung der Caritasarbeit die zweite wichtige Herausforderung. Von diesen beiden Dingen wird es entscheidend abhängen, ob das Plus, die Qualität der Caritas, sichtbar und erfahrbar bleiben wird.

Bringen wir die Caritas mit einem Plus in Verbindung? – So hatte ich zu Beginn gefragt. Ohne das Kreuz als das Pluszeichen unseres Glaubens könnte es die Caritas gar nicht geben. Als Caritaskreuz, als Flammenkreuz ist es das Erkennungszeichen einer Qualität, die dem christlichen Dienst für andere die entscheidende Dimension hinzufügt.

Martin Patzek

Caritas und ihre Qualität

Leitbilder in Verbänden, Diensten und Einrichtungen der Caritas

1. Der caritative Ansatz

„Werben mit Nützlichem", meint eine Katalog-Headline.[1] Unter „Sitzung/Pause" finde ich eine weiße Isolierkanne mit der roten Aufschrift „Qualität hat einen Namen" und dem Caritas-Flammenkreuz. Auch dazu passende Kaffeebecher tragen den roten Schriftzug mit dem Caritas-Logo.

„Unsere Klinik hat ein Leitbild!", sagt ein Ärztlicher Betriebsleiter und verblüfft hochrangige Vertreter der gGmbH und mich als Moderator eines Leitbildprozesses. „Katholisches Krankenhaus St. Elisabeth", bemerkt gelassen der Mediziner!

„Soziale Verbände, Dienste und Einrichtungen in katholischer Trägerschaft und ihre wirtschaftliche Aufsicht"[2] nehmen deutlicher wahr, dass „mit der Glaubensverkündigung und dem Gottesdienst die Caritas zu den drei Grundsäulen christlichen Zeugnisses und kirchlichen Dienstes gehört"[3].

Wenn ich über Caritas und ihre Qualität nachdenke, geht es zunächst um den caritativen Ansatz. Ohne eine – theologisch

---

[1] Caritasverband für die Diözese Münster e. V., Werben mit Nützlichem, Werbemittelangebot des Caritasverbandes für die Diözese Münster, Münster 2004.

[2] Sekretariat der Deutschen Bischofskonferenz (Hg.), Soziale Einrichtungen in katholischer Trägerschaft und wirtschaftliche Aufsicht. Eine Handreichung des Verbandes der Diözesen Deutschlands und der Kommission für caritative Fragen der Deutschen Bischofskonferenz, 2. Februar 2004, Bonn 2004.

[3] Ebd., Vorwort.

einwandfreie – Definition landen wir zwar richtig bei sozialer Kompetenz und bürgerschaftlichem Engagement, vergessen aber leicht unsere kirchlichen und christlichen Ressourcen im Defizitdenken unserer Zeit.

„Keiner weiß, was Caritas tut", bemerkt die „neue caritas", herausgegeben vom Deutschen Caritasverband[4], als Ergebnis einer großen Internetumfrage in Deutschland 2004. Mir gefällt, wenn es heißt: „Kirche löst Imageproblem und Caritas wird zur Marke." Thomas Becker entdeckt eine neue Ausrichtung der sozialen Dienste zwischen Kirche und Caritas: „Die Caritas-Basisdienste und die Altenpflege rücken näher an die Pfarrei; die Krankenhäuser und Kindergärten näher an die Marke Caritas."[5] Die Unterscheidung von „Pfarrei" und „Marke Caritas" gefällt mir nicht.

Kritisch provoziere ich: Keiner weiß, was Caritas ist! „Lebensvollzug der Kirche und verbandliches Engagement in Kirche und Gesellschaft"[6], so die Deutschen Bischöfe. Genauer definieren sie Caritas als „Teilnahme an Gottes barmherziger Sorge um den Menschen"[7]. Auch das „Leitbild des Deutschen Caritasverbandes"[8] bezeichnet den „Grundauftrag der Kirche" als „konkrete Hilfe für Menschen in der Not. Richtschnur ihrer Arbeit sind Weisung und Beispiel Jesu Christi."[9] Maßgebend für den Wohlfahrtsverband der katholischen Kirche sind „der Anspruch des Evangeliums und der Glaube der Kirche"[10].

Caritas ist also zunächst ganz „organisch" im Organismus christlicher Kirche und Gemeinde katholischer Prägung. Caritas ist dann „organisiert" in Verbänden, Diensten und Ein-

---

[4] Deutscher Caritasverband (Hg.), Freiburg 5/2004.
[5] Ebd., 10.
[6] Sekretariat der Deutschen Bischofskonferenz (Hg.), Die deutschen Bischöfe 64, Caritas als Lebensvollzug der Kirche und als verbandliches Engagement in Kirche und Gesellschaft, vom 23. September 1999.
[7] Ebd., 3.
[8] Deutscher Caritasverband (Hg.), Leitbild des Deutschen Caritasverbandes vom 06. Mai 1997, Freiburg 6/97.
[9] Ebd., Präambel.
[10] Ebd.

richtungen unterschiedlicher, aber kirchlicher Trägerschaft. Das meint die ganze Bandbreite von Caritas- und Fachverbänden mit unterschiedlichen Rechtsformen wie eingetragenen Vereinen (e. V.), Stiftungen und gemeinnützigen, mildtätigen und kirchlichen Gesellschaften mit beschränkter Haftung (GmbH). Diese organische und organisierte Caritas ist und bleibt Wesensäußerung des Organismus christlicher Kirche katholischer Prägung. Dabei geht es um eine geschwisterliche, ich nenne sie diakonische Kirche, die sich in der Caritas Jesu Christi als Orientierung, in der Verkündigung von Gottes Reich im Himmel und auf der Erde sowie im Gottesdienst – als Hochform in der Eucharistie – verwirklicht.

2. Caritative Diakonie

Zurück zur Definition geschwisterlicher Kirche und der Diakonie von Caritas, der Verkündigung und des Gottesdienstes: Damit ist nämlich die Zukunft der Caritas ebenso die Zukunft der katholischen Kirche – auch in der Verkündigung und im Gottesdienst! Der Hildesheimer Bischof Josef Homeyer sagte zur Eröffnung des neuen Bischof-Janssen-Hauses, der Zentrale des Diözesan-Caritasverbandes Hildesheim: „Es geht ja nicht nur darum, dem kulturellen Säkularismus entleerter Gottesdienste entgegenzutreten, sondern auch dem sozialen Säkularismus, der Spaltung dieser Gesellschaft in Insider und Outsider, in Arbeitsplatzbesitzer und Arbeitslose."[11] Für die Gegenwart gilt die genannte Reihenfolge: Caritas – Verkündigung – Gottesdienst. Das „Einfallstor Caritas", die einladende Kirche als „Dienst in Liebe" (love and service) – als „Verkündigung ohne Worte" und „weltlicher" Gottesdienst – kann nicht hoch genug eingeschätzt werden!

Anders ausgedrückt: Mit der Verkündigung des Gotteswortes und der Feier des Gottesdienstes geht es um die Voraussetzungen und Konsequenzen solcher Glaubensgemeinschaft:

---

[11] Josef Homeyer, Die Caritas wird das Gesicht der Welt verändern, in: „neue caritas" 6, 25. März 2004, 22.

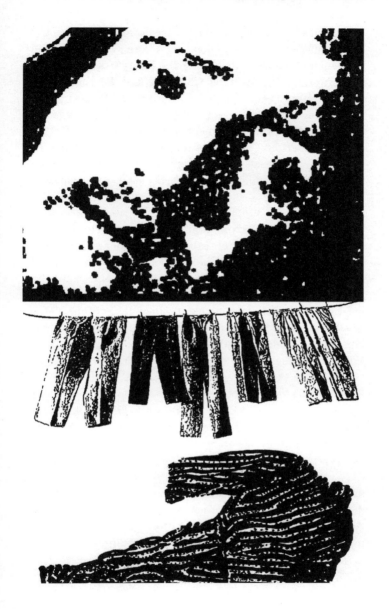

Nackte bekleiden
Collage zu Diego Velasquez (1599–1660), Christus an der Geißelsäule, 1630, 165 × 206 cm

um den geschwisterlichen Dienst christlicher Liebe. „Nur, wo der Glaube bekannt und gelebt wird, kann er auch gefeiert werden; und das ist dann wirklich die Liturgie der Zukunft"[12] (Albert Gerhards). Und der Chefredakteur der „neuen caritas", Thomas Becker, spricht von Caritas und Kirche: „Beide bleiben eng miteinander verbunden. Denn sie dürfen im Glauben darauf hoffen, dass sie nicht untergehen werden: Die Kirche wird über die Caritas-Basisdienste in den Pfarreien ihre soziale Glaubwürdigkeit und damit sich selbst wieder finden. Die Caritas wird endlich als soziale Dienstleistungsmarke geschaffen ..."[13]

Die Caritas in diakonischer Kirche ist wertorientiert – unser Menschenbild christlich katholischer Prägung. Den Maßstab des Handelns setzt ein christliches Menschenbild als angewandte katholische Soziallehre. Dabei bekommen das lokale Gemeinwohl und die globale Solidarität im gesellschaftlichen und kirchlichen Miteinander Vorzug vor der allzu individuellen Entfaltung der Persönlichkeit. Über die Subsidiarität als Eigenverantwortung der jeweils kleineren Einheit, z. B. auch der freien vor der öffentlichen oder gar der kommerziellen Wohlfahrtspflege, wird zurzeit erbittert gestritten.

Noch eine Anmerkung zur Personalität: Nach dem Ego-Kult der 80er Jahre stehen heute Nähe, Offenheit und Geselligkeit wieder hoch im Kurs. Nach einer Erhebung des Freud-Instituts[14] zeigen sich die Menschen unserer Zeit liebesfähig, fürsorglich und gefühlsintensiv. Gehen wir sorgsam mit diesen „neu entdeckten" Eigenschaften um! Wenn nur die Liebe, nur die Caritas zählt, dann geht es um den gekreuzigten Gott, der dem rücksichtslosen Reichtum seinen Segen verweigert und die Mühseligen und Beladenen segnet – als Fürsprecher und Anwalt der Armen, Betrogenen und Vergessenen. „Gott liebt diese Welt – er wird wiederkommen –, wann es ihm gefällt,

---

[12] A. Gerhards, Aus der Geschichte lernen? Versuch über Liturgie der Zukunft, in: Stimmen der Zeit, Frankfurt 1989, 473–484.
[13] Thomas Becker, in: „neue caritas" 5, 11. März 2004, 15.
[14] Horst-Eberhard Richter, Interview „Bedürfnis nach Nähe", Über das neue Wir-Gefühl der Deutschen, in: Stern 8/2000, 191.

nicht nur für die Frommen, – nein, für alle Welt", sagt Walter Schulz.[15] Solche Geistesgegenwart bewahrt uns berufliche, ehrenamtliche wie freiwillige Mitarbeiterinnen und Mitarbeiter in der Caritas vor resignierender Routine und erfrischt Herz und Sinne dann, wenn wir es am nötigsten brauchen.

3. Leitbildprozesse

Das Leitbild – wir sprechen davon, einem religiösen oder ethischen Leitbild zu folgen – ist das den Menschen in seinem Empfinden und Handeln bestimmende Ideal.[16] Der Leitgedanke ist der Grundgedanke, das Grundmotiv und der rote Faden unseres (beruflichen) Lebens. „Leitbilder drücken aus, was in einer ... Einrichtung oder Unternehmung getan oder angestrebt wird, indem sie deren programmatische Idee (vision), Aufgabenstellung (mission) oder Selbstverständnis (identity) formulieren."[17]

- Programmatische Idee – vision[18]

Verwandt mit dem lateinischen „visio" oder dem englischen „vision", heißt nicht nur sehen, was aufscheint – Schulter klopfen und vertrösten – es wird schon werden – eines Tages, sondern: Wissen um den Grund unseres Vertrauens, unserer Lebensbejahung und unserer Beziehungsfähigkeit. Wissen, dem Erkenntnis (Offenbarung) mit Entscheidungscharakter und Verheißung vorausgegangen ist. Das ist das Programm einer Dienstgemeinschaft in einem Verband, einem Dienst oder einer Einrichtung. Die „Grundordnung des kirchlichen Dienstes im Rahmen kirchlicher Arbeitsverhältnisse" vom 22. Sep-

---

[15] Bischöfe Deutschlands u.a. (Hg.), Gotteslob, Katholisches Gebet- und Gesangbuch, Stuttgart 1975, Nr. 297.
[16] Bibliographisches Institut Mannheim/Wien/Zürich (Hg.), Duden, Etymologie, Herkunftswörterbuch der deutschen Sprache, Duden Bd. 7, Mannheim 1963, 56.
[17] Christian Schröer, Art. Leitbilder, in: LTHK, Bd. 6, Freiburg 1997, 801 f.
[18] Vgl. auch im Folgenden ebd.

tember 1993[19] definiert „Dienstgemeinschaft": „Alle in einer Einrichtung der katholischen Kirche Tätigen tragen durch ihre Arbeit ohne Rücksicht auf die arbeitsrechtliche Stellung gemeinsam dazu bei, dass die Einrichtung ihren Teil am Sendungsauftrag der Kirche erfüllen kann."[20]

- Aufgabenstellung – mission
als Sendung, Auftrag und innere Aufgabe meint loszulassen, was statisch festhält, was auseinander läuft oder verdunstet, und den Mitarbeiterinnen und Mitarbeitern anzuvertrauen, was wichtig und heilig ist.

- Selbstverständnis – identity
ist nicht allein die vollkommene Übereinstimmung untereinander, sondern mehr noch die Echtheit unseres Tuns. Sich mit Dienst oder Einrichtung zu identifizieren („corporate identity") ist Ergebnis eines qualitativ entwicklungsfähigen Leitbildes.

Gründe für einen Leitbildprozess sind zunehmende Ausdifferenzierung, Pluralität und Dynamik funktionaler Handlungssysteme. Erforderlich wird die Kennzeichnung von Verschiedenheit und Unterscheidung in der freien, öffentlichen oder kommerziellen Wohlfahrtspflege. Es geht um die Suche nach der Einheit in der Vielfalt und das Erspüren einer auf Veränderung und Entwicklung gerichteten Kraft. Leitbilder haben dann eine Bedeutung für die alltäglichen Handlungen und Beziehungen,
- wenn sie befähigen, auch die unterschiedlichsten Dienstleistungen – in beruflicher und freiwilliger Caritas, organisch in Gemeinden wie organisiert in Verbänden, Diensten und Einrichtungen – im interdisziplinären Bereich helfen-

---

[19] Sekretariat der Deutschen Bischofskonferenz (Hg.), Die deutschen Bischöfe 51, Grundordnung des kirchlichen Dienstes im Rahmen kirchlicher Arbeitsverhältnisse vom 22. September 1993, 9. ergänzte Auflage, 2003.
[20] Ebd., Artikel 1.

der Berufe auf gemeinsame Zielvorstellungen zu gründen (motivierende Funktion);
- wenn sie den Bezug von Einzelaufgaben und Gesamtaufgabe (Wesensäußerung) offensichtlich machen (integrierende, koordinierende Funktion);
- wenn sie komplexen Handlungen und damit gegenüber allen Mitarbeiterinnen und Mitarbeitern, den Zielgruppen und der gesamten Lebenswelt des Dienstes oder der Einrichtung – also auch den scheinbar „Außenstehenden" – eine benennbare Identität verleihen (Identität stiftende Funktion) und
- wenn sie durch Vorgabe herausfordernder Bilder und Formeln Gestaltungs- und Lösungsprozesse in Gang setzen (Innovation leitende Funktion).

Leitbilder sind auf Dauer angelegt. Sie fordern Lern- und Einübungsprozesse. Sie sind zugleich qualitativ entwicklungsfähig. Sie lassen im Blick Korrekturen zu – immer dann, wenn interne oder externe Bedingungen sich wandeln. Im Prozess der Umsetzung ergeben quantifizierbare Einzelleistungen Leitziele.

4. Fragen auf dem Weg zum Leitbild

Woher kommen wir?

Gemeint ist die eigene Geschichte, die in ihrer Ursprungsvision bzw. ihrer Ursprungsperson so vital war, Verbände, Dienste und Einrichtungen der Caritas zu begründen. Das Gleiche gilt für die Geschichte des Gründers, meistens der Kirchengemeinde, eines Ordens oder eines Stifters!

Es ist richtig, heute erneut zu fragen: Wo ist das Gründerprofil geblieben? Bernhard von Clairvaux (um 1090–1153), der große Kirchenlehrer und Ordensgründer, drückt es so aus: „Trinken aus der eigenen Quelle". Kein Träger in der Caritas unserer Kirche braucht diesen Blick zurück zu fürchten! Die Geschichte legt Zeugnis ab von der Originalität, der ermutigenden Kreativität und dem meist eher ideellen Reichtum der Gründerinnen und Gründer.

Wer sind wir? (Was ist unser Umfeld?)

Gemeint ist eine innere und äußere Bestandsaufnahme im kirchlichen und gesellschaftlichen Kontext (Lebensweltorientierung). Innen- und Außenbefragungen (Mitarbeiterinnen und Mitarbeiter, Zielgruppen) bringen Ergebnisse und fordern Konsequenzen. Die Orientierung an der Kirchengemeinde kooperativer Pastoral und der politischen Gemeinde darf dabei nicht fehlen. Die Vernetzung der verschiedenen Bereiche, z. B. ambulante, teilstationäre und stationäre Pflege, ärztliche, soziale und betriebswirtschaftliche Dienste (auch „Versorgungsketten"), ehrenamtliches, freiwilliges und berufliches Engagement, seelsorglicher und sozial-therapeutischer Blick, verschiedene Lebensräume und Lebenswelten, sind in der Bestandsaufnahme zu berücksichtigen.

Was wollen wir?

Vielleicht die schwierigste Frage. Weil wir die Antwort noch nicht genau wissen, nehmen wir Verbände, Dienste und Einrichtungen in den Blick. Wir regen den Austausch der vielschichtigen und unterschiedlichen Motive unserer Arbeit an. Aus dem Blick der Dienstgemeinschaft geht es um die Identität, das Erscheinungsbild und die Ethik des Unternehmens Caritas. Unternehmenskultur in christlichen Diensten und Einrichtungen katholischer Prägung meint den Geist und Stil, kurz die bemerkenswerte Atmosphäre, unserer Dienste und Einrichtungen. Das lateinische „colere" meint „hegen und pflegen". Für (Betriebs-)Träger und Eigentümer und ihre wirtschaftliche Aufsicht und entsprechende Gremien geht es dabei um eben dieses: die Mitarbeiter(innen) zu hegen und zu pflegen und damit die uns anvertrauten Bewohnerinnen und Bewohner, Patientinnen und Patienten, Klientinnen und Klienten ebenso zu „hegen und zu pflegen".

Die letzte Frage ergibt sich aus den vorherigen:

Was können und müssen wir anders machen?

Diese Frage ist bereits Qualitätsmanagement.

5. Leitbild und Caritas-Qualitätsmanagement

Es gilt, den Zusammenhang mit CQM, dem Caritas-Qualitätsmanagement und dem entsprechenden Organigramm, also der Organisation des Unternehmens, zu klären.

Es könnte sein, dass solche Begriffe wie CQM oder Organigramm bei kirchlich oder theologisch gestimmten Ohren nicht gerade auf spontane Akzeptanz stößt. Denn Management-Methoden und entsprechende betriebswirtschaftliche Organisation und Philosophie bis hin zur Kundenorientierung könnten das Wesentliche des caritativen Dienstes überlagern. Daher kurz der Blick auf den neuen Bedarf an Qualitätssicherung am Beispiel der stationären Altenhilfe!

Aufgrund der demographischen Entwicklung steigt die Nachfrage nach Diensten und Einrichtungen. Dabei ändern sich die Qualitätserwartungen an Altenhilfe und Pflege. Da das „Gesetz zur sozialen Absicherung des Risikos der Pflegebedürftigkeit" (Pflegeversicherung – Sozialgesetzbuch XI), aber auch die Pflegegesetze der Länder, gemeinnützige und private Anbieter von Altenhilfe und entsprechenden Dienstleistungen gleichstellt, ist eine völlig neue Konkurrenz- und Marktsituation entstanden. Dadurch verändert sich das Selbstverständnis des Älteren im Verhältnis zu Diensten und Einrichtungen von abhängigen Klienten zum souveränen Kunden. Caritas-Qualitätsmanagement wurde entwickelt, um Altenhilfeorganisationen der Caritas bei der Bewältigung dieses Anpassungsprozesses an die veränderten Rahmenbedingungen zu unterstützen. Es geht um die Verbindung zweier Konzepte, nämlich

- Die Entwicklung und Umsetzung eines Qualitätsmanagements nach DIN EN ISO 9002 in der eigenen Altenhilfe-Einrichtung
- Die caritas-spezifische Ausrichtung als CQM-System, abge-

leitet vom Leitlinienpapier des Verbandes der katholischen Heime und Einrichtungen der Altenhilfe in Deutschland e. V.

Das ist ein erster Hinweis auf die Zusammenhänge zwischen Leitbild oder Leitlinien, Caritas-Qualitätsmanagement und Organisation bzw. Organigramm. Die „Rahmenkonzeption stationärer Altenhilfe" des Bundesverbandes[21] sagt es genauer:

„Unsere Aufgabe und unsere Zielsetzung werden vom christlichen Menschenbild und von der katholischen Soziallehre her bestimmt. Unsere Mitarbeiter sind dazu eingeladen, sich mit den Zielen und Aufgaben der Einrichtung zu identifizieren. Ihr Selbstbewusstsein soll durch die Tatsache eine besondere Stärkung finden, da sie Mitarbeiter einer kirchlichen Alteneinrichtung sind. Die Erklärung der deutschen Bischöfe zum kirchlichen Dienst ‚Grundordnung des kirchlichen Dienstes im Rahmen kirchlicher Arbeitsverhältnisse' vom 22. September 1993 ist für uns bindend."

Beim European Foundation for Quality Management (EFQM) – seit 1997 aus TQM (Total Quality Management) entwickelt – geht es um ein Selbstbewertungsmodell als Ergänzung zu dem weltweit gültigen Qualitätsmanagement mit dem Standard DIN ESO ISO 9000 ff. Das Grundschema steht auf drei Säulen: Menschen – Prozesse – Ereignisse. Durch die Einbindung aller Mitarbeiter(innen) (Menschen) in einen kontinuierlichen Verbesserungsprozess erzielt die Einrichtung bessere Ergebnisse. Im EFQM-Modell gibt es so genannte Befähiger- und Ergebniskriterien als Grundlage. Zu den Befähiger-Kriterien (Enablers) zählen alle, die die Voraussetzung dafür bilden, dass eine Einrichtung Erfolge erzielt. Hierzu zählen Führung, Mitarbeiter(innen)orientierung, Politik und Strategie, Ressourcen und die Prozesse. Die Mitarbeiter(innen)zufriedenheit, Kundenzufriedenheit, gesellschaftliche Verantwortung und die Geschäftsergebnisse sind den Ergebnis-Kriterien (results) zuzurechnen. Diese Andeutungen

---

[21] Verband katholischer Heime und Einrichtungen der Altenhilfe (Hg.), Rahmenkonzeption stationärer Altenhilfe, Freiburg Mai 1997.

Fremde beherbergen
Collage zu Gustave Doré (1832–1883), Die Flucht nach Ägypten, Holzschnitt

sind so zu verstehen, dass das fertige Leitbild mit Hilfe des jeweiligen Qualitätsmanagements umgesetzt werden kann. Ein fertiges Leitbild – umgesetzt mit Hilfe des Qualitätsmanagements – kann Veränderungen im Organigramm ergeben.

6. Leistungsqualitätsvereinbarung

Seit Beginn des Jahres 2004 sind Seniorenzentren, z. B. Alten- und Pflegeheime, verpflichtet, eine „Leistungsqualitätsvereinbarung – LQV" als Voraussetzung zu Pflegesatzverhandlungen vorzulegen. „Qualität hat einen Namen: Caritas", lautet der katholische Standard als Selbstverpflichtung von Seniorenzentren, z. B. der Caritas im Ruhrbistum Essen[22]. Die Anforderungen für katholische Einrichtungen der Altenhilfe legen Wert darauf, „das Spannungsfeld zwischen Bedarfsdeckung, Wirtschaftlichkeit und eigenen Idealen immer wieder auszugleichen". Die Erkenntnis wächst, „dass sich die unterschiedlichen Träger in den Regionen gegenseitig unterstützen, was dem Selbstverständnis der katholischen Einrichtungen im Bistum Essen als große Solidargemeinschaft entspricht". Mit der Projektgruppe habe ich folgende Grundlagen zur Leistungsqualitätsvereinbarung erarbeitet. Diese Perspektiven können ein zukünftiges Gesamt-Leitbild aller Einrichtungen der Altenhilfe (im Bistum Essen) ergeben:

Biblisches Alter

„Alt und lebenssatt" (Genesis 25,8), „weise und lebenserfahren" (Sprüche 16,31): An diese biblischen Ideale erinnern Christinnen und Christen im Blick auf beispielhafte ältere Menschen wie Zacharias und Elisabet (Lukas 1,5 ff.) sowie Simeon und Hanna (Lukas 2,25 ff.). Aus Ehrfurcht vor der Würde des Alters (1 Timotheus 5,1 f.; Titus 2,2–5) wurden Presby-

---

[22] Arbeitsgemeinschaft katholischer Einrichtungen der Altenhilfe im Bistum Essen – AGEA, Katholischer Standard LQV – Ergebnisse der Projektgruppe vom 26.11.2003.

ter „Älteste", Leiter der ersten christlichen Gemeinden (Apostelgeschichte 14,23). Altersdiskriminierung ist unchristlich. Beschwerden des Alters erfordern Hilfe (Psalm 71,9–18).

Menschenwürde

Christliches Evangelium spricht jedem Älteren voraussetzungslos Würde zu. Diese Menschenwürde gründet im Geschaffensein durch Gott und wächst nicht aus der Leistung, sondern aus dem Sein. Caritas – Liebe Gottes zu uns und unsere Antwort – meint die sich verschenkende Liebe zum Nächsten. Sie ist grenzenlos und kümmert sich um die Älteren, unabhängig von Religion, Rasse, sozialer oder staatlicher Zugehörigkeit. In einer Allianz von Fachlichkeit und Evangelium macht Caritas praxisorientiert Politik und dient so der Gesellschaft.

Lebensraum und Glaubensort

Ältere Menschen sind gleichberechtigte Partner und nicht hinfällige Objekte wohlmeinender Zuwendung. Deshalb sind unsere Alten(Pflege)heime nicht in erster Linie Versorgungs- und Bewahrstätten, sondern vor allem Lebensraum und Glaubensort.
- Caritas meint den ganzen Menschen einschließlich seiner existentiellen Ängste, Sehnsüchte und Fragen und reduziert ihn nicht auf seine materiellen Bedürfnisse.
- Caritas stillt den Hunger und begleitet fachlich richtig, schuldet dem Älteren aber auch das ermutigende, befreiende und versöhnende Wort des Evangeliums.
- Caritas erfährt den älteren Menschen als Subjekt mit eigenen Charismen, Fähigkeiten, Wünschen und Interessen.
- Caritas sieht Kirchengemeinde und Lebenswelt gerade dann als Basis christlicher Menschlichkeit, wenn der Ältere hinfällig und schwach wird.
- Caritas fragt nach Vertrauen, Lebensbejahung und Beziehungsfähigkeit als menschliche Grundhaltungen.
- Caritas unterstützt den Älteren, die Chancen der ihm ver-

bleibenden Zeit wahrzunehmen, ihre Zumutungen zu ertragen und ihre Erfüllung auszukosten.

Die Caritas der Kirche

Als christliche Einrichtungen katholischer Prägung sind wir Teil einer geschwisterlichen Kirche, die sich in der Caritas Jesu Christi, in der Verkündigung (vom Gottesreich) und im (eucharistischen) Gottesdienst verwirklicht. Als caritative Einrichtungen verwirklichen wir das Leitbild unseres Spitzenverbandes, des Deutschen Caritasverbandes, vom 06. Mai 1997[23] und die „Eckpunkte für Qualität in der verbandlichen Caritas" vom 28. Januar 2003[24]. Das Wort der Deutschen Bischöfe, „Caritas als Lebensvollzug der Kirche und als verbandliches Engagement in Kirche und Gesellschaft" vom 23. September 1999[25], ist uns Orientierung.

Christliche Sozialpraxis

Wichtig ist unser Miteinander in der Dienstgemeinschaft (Solidarität), wechselseitige Ergänzung (Subsidiarität), bewohnerorientierte Mitwirkung (Gemeinwohl) und entsprechender Freiraum (Personalität). Caritas als christliche Sozialpraxis beruft sich auf die Katholische Soziallehre als Grundlage. Aus dem Miteinander entsteht ein Füreinander, das Menschen in Würde altern lässt und ihnen Wegbegleitung im Leid als Krankheit, Älterwerden, Sterben und Tod anbietet, getragen von Achtung und Zuwendung.

Leib- und Seelsorge

Unser Markenzeichen ist die ganzheitliche Leib- und Seelsorge. Dazu gehört die Allianz mit Ehrenamtlichen und Freiwil-

---

[23] Vgl. Anmerkung 8.
[24] Deutscher Caritasverband, Beschluss des Zentralrats vom 28. Januar 2003, in: „neue caritas" 8, 17. April 2003, 36ff., bes. 4. Theologisch-ethische Perspektiven zur Caritasqualität.
[25] Vgl. Anmerkung 6.

ligen christlicher Kirchen, projektorientiert und themenzentriert. Gemeint sind besonders die Caritas-Konferenzen und caritativen Helfergruppen (Besuchsdienste) unserer katholischen Kirchengemeinden sowie die Katholische (Ökumenische) Altenheimhilfe (Grüne Damen). Denn unsere Bewohnerinnen und Bewohner haben Anspruch auf (geistliche) Begleitung. In enger Zusammenarbeit mit der (katholischen) Kirchengemeinde sorgen wir dafür, dass die Bewohnerinnen und Bewohner an Gottesdiensten teilnehmen und Sakramente empfangen können. Wir möchten, dass religiöse Ausdrucksformen den Bedürfnissen und Traditionen unserer Bewohnerinnen und Bewohner entsprechen.

Vertrauen, Lebensbejahung, Beziehungsfähigkeit

Wir brauchen nicht nur fachliche Fort- und Weiterbildung, sondern immer neu gegenseitiges Vertrauen, Lebensbejahung und Beziehungsfähigkeit. Daher erwarten wir von Priestern, Diakonen und pastoralen Mitarbeiterinnen und Mitarbeitern geistliche Begleitung. Wir wünschen uns berufliche Seelsorger und Seelsorgerinnen in unseren Einrichtungen. Freiräume, auch als Teilnahme an Besinnung, Exerzitien und Katholikentagen bzw. ökumenischen Kirchentagen, sind uns wichtig. Wir suchen das ökumenische Miteinander in der Zusammenarbeit mit allen Menschen guten Willens.

7. Das Leitbild lernt laufen

Leitbilder sind auf Dauer angelegt. Sie fordern Lern- und Einübungsprozesse. Sie sind zugleich qualitativ entwicklungsfähig. Sie lassen im Blick Korrekturen zu – immer dann, wenn interne oder externe Bedingungen sich wandeln. Im Prozess der Umsetzung ergeben quantifizierbare Einzelleistungen Leitziele.

Leitbilder haben nur dann eine positive Wirkung, wenn sich die Entscheidungen in der Praxis an ihnen orientieren und sie für alle transparent sind. Sonst verstauben sie in Hochglanzbroschüren und führen eher zur Demotivation der Mitarbeiterinnen und Mitarbeiter, da sie ständig mit der Kluft zwischen dem Wunschbild und der Realität konfrontiert werden, ohne dass sich etwas in die richtige Richtung bewegt.

Das Leitbild bekannt zu geben, es beständig zu präsentieren, ist Sache der Gremien und der Geschäftsführung bzw. der Betriebsleitung. Denn Öffentlichkeitsarbeit intern wie extern gehört in den Verantwortungsbereich der Leitung. Bei einer möglichen Delegation muss eine enge Anbindung an die Leitung erhalten bleiben. Wie weit Gremien, wie z. B. Vorstand eines eingetragenen Vereins (e. V.), Stiftungsrat, Aufsichtsrat und Gesellschafter einer gemeinnützigen oder mildtätigen Gesellschaft mit beschränkter Haftung (GmbH), die Veröffentlichung mitverantworten oder unterzeichnen, ist zu klären. Dass der Träger aber „dahinter steht", sollte deutlich werden. Gezielt und systematisch, intern und extern das Leitbild mit Leben zu erfüllen, ist notwendiger Bestandteil organisierter Caritas im Organismus Kirche und Gemeinde. Nur so kann bewusst werden, woher wir kommen, wer wir sind und was wir wollen und ändern müssen.

- Intern geht es mit der Präsentation des Leitbildes darum, dass sich die Mitarbeiterinnen und Mitarbeiter im integrierenden Leitbild wieder finden. Die Erfahrung zeigt, dass jede Mitarbeiterin und jeder Mitarbeiter (aus Projektleitung, Steuerungsgruppe, Workshops, pressure groups), der sich in dieser Vision wieder findet – und sei es mit einem noch so winzige Mosaiksteinchen –, aus starkem persönlichen Antrieb heraus an der Verwirklichung mitarbeitet.
- Mit vier Erfolgsfaktoren kommt die Vision ans Laufen. Es geht erstens darum, sich auf die neuen Ideen einzulassen, und zweitens, ein angstfreies Umfeld zu schaffen. Transparenz und Kommunikation sind der dritte und der konstruktive Umgang mit Kritikern und Zweiflern der vierte Erfolgsfaktor.
- Die einzelnen Aussagen des Leitbildes sind praxisnah zu interpretieren und in die verschiedenen Konferenzstrukturen und Entscheidungsprozesse einzubeziehen. Die Rolle des/der Qualitätsbeauftragten ist für die Fortschreibung

der Ist-Analysen (z. B. Befragunsergebnisse) und für die Aktualisierung der Strategie wichtig.
- Instrumente der internen Öffentlichkeitsarbeit sind u. a.: (Mitarbeiter-)Zeitung, Informationsbriefe, Informationsveranstaltungen, Schwarzes Brett, Betriebsausflug, Beratung in Konfliktsituationen, Vorschlagswesen ...
- Jetzt gilt es, im einzelnen Kontext die Konsequenzen zu ziehen und (neue) Unternehmensstrategien immer wieder in die Öffentlichkeit zu bringen. Instrumente sind u. a.: Pressemeldungen, Presseeinladung, Pressemappe, Pressegespräch, Pressekonferenz, Tag der Offenen Tür, Imagebroschüre ...

8. Ehrenamt, neue Freiwilligkeit und kooperative Pastoral

„Für eine Zukunft in Solidarität und Gerechtigkeit", votierten die christlichen Kirchen Anfang 1997.[26] Im Blick auf die soziale Wirklichkeit heißt es dort: „Der diakonische und caritative Dienst an Menschen in Not gehört seit den Anfängen der Kirche zu ihren unveräußerlichen Kennzeichen und ist auch für die Zukunft verpflichtend ... Von bleibender Bedeutung ist die Ebene der Kirchen – und Pfarrgemeinden. Diakonische und caritative Arbeit darf sich nicht auf die professionalisierten Dienste beschränken und darf nicht einfach an sie abgegeben werden. Kirchengemeinden, kirchliche Gruppen und Verbände haben besondere Möglichkeiten, mit ihrer sozialen, diakonischen oder caritativen Arbeit Impulse in die gesellschaftliche Öffentlichkeit hinein zu vermitteln."[27]

In Kirchengemeinden und Caritasverbänden (mit ihren Fachverbänden) sind aus Sparbeschlüssen Kürzungen und

---

[26] Kirchenamt der Evangelischen Kirche in Deutschland/Sekretariat der Deutschen Bischofskonferenz (Hg.), Für eine Zukunft in Solidarität und Gerechtigkeit, Wort des Rates der Evangelischen Kirche in Deutschland und der Deutschen Bischofskonferenz zur wirtschaftlichen und sozialen Lage in Deutschland.
[27] Ebd., 250.

Streichungen in vielfacher Millionenhöhe geworden. Im „Streichkonzert" der Mittelkürzungen gilt es, unsere Ressourcen an Begabung, Initiative, Kreativität und Schwung neu zu entdecken! Unsere Solidarität – besser: unsere soziale Kompetenz und unser Gespür für das Gemeinwohl – zielen darauf, auch den Verlierern im Wettbewerb um Güter und Glück, den Einflusslosen auf dem Markt und den Nichtanerkannten Chancen zu einem menschenwürdigen Leben und zur gerechten Teilhabe am Wohlstand zu bieten.

Kirchengemeinden sollten dabei die Caritas nicht auf die Profis beschränken, sondern die soziale Wirklichkeit wahrzunehmen versuchen. Die Chance der kooperativen Pastoral mehrerer Gemeinden, der Pfarrverbände und -verbünde, der Seelsorgeeinheiten und Teams rückt dabei nur langsam in den Blick. Dabei ist die „lebensweltorientierte Sozialarbeit" nur dann hilfreich, wenn sie nicht alle Ressourcen gleich-gültig einschätzt, sondern die christlichen Kirchengemeinden in Zusammenarbeit mit allen Menschen guten Willens als Bündel von Ressourcen für die Freiwilligenarbeit sieht!

Die demographische Struktur des caritativen Ehrenamtes ist bekannt. „Allzeitig und allseitig" wird mit jungen Augen zu Recht kritisch betrachtet. Tatsächlich gilt die Struktur der (fast) unbeschränkten Dauer des Ehrenamtes, der unter vielerlei Zwängen leidenden Freiwilligkeit und der oft noch finanziellen Eigenbeteiligung nicht mehr. Von der Selbstständigkeit und Selbstverantwortung oft ganz zu schweigen. Projektorientierte und themenzentrierte, ja nichtkirchliche soziale Arbeit bis hin zu Freiwilligenzentren, ist im Kommen. Rechts und links von uns entdecken wir eine neue Freiwilligkeit, selbstbestimmt und -verantwortet, zeitlich begrenzt und mit Kosten – bis hin zu möglichen Rentenansprüchen – verbunden. Dabei gibt es Freiwillige nicht nur bei den pflegenden Angehörigen oder nach dem Betreuungsgesetz (früher Vormundschaft und Pflegschaft) als „Querschnittsaufgaben", sondern auch im Dunstkreis der Hospizbewegung, bei den Armentafeln der Städte, im Blick auf Katastrophen und Krisen weltweit oder ökumenisch zusammen mit vielen „Menschen guten Willens" in Freiwilligenzentren. Solche Strömungen un-

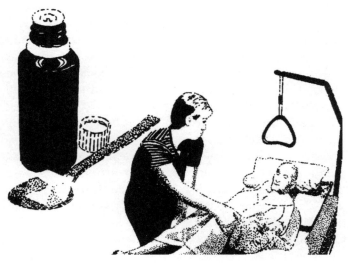

Kranke besuchen
Collage zu Rembrandt (1606–1669), Jesus heilt einen Aussätzigen, 1650 (?)

serer Zeit, auch im Blick auf die Zusammenarbeit mehrerer Kirchengemeinden – Kooperation bis Fusion, lassen hoffen.

Grundlage unserer Arbeit zur Caritas Jesu Christi ist sowohl der Auftrag einer diakonischen Kirche als auch eine Gemeinschaft von Gleichgesinnten sowie unsere ureigene soziale Kompetenz in Kirche und Gesellschaft. Deutlicher als bisher wird bei neuer Freiwilligkeit in unserer Zeit auf den Einzelnen – auch „mich selbst" – und unsere Begegnung untereinander verwiesen. Mit Selbstvertrauen – getragen und begleitet von der Gruppe – kann ich mich den Menschen in Not öffnen. Prophylaxe, als vorbeugende Arbeit und Hilfe zur Selbsthilfe, sieht mehr als bisher die Ursachen derzeitiger Armut und Not.

Zu den bekannten Quellen unseres Glaubens – wie Bibel, kirchliche Tradition, Gebet und Gottesdienst – tritt immer neu erfahrbar Begegnung untereinander, die uns Selbstbestätigung schenkt und Freude an selbstbestimmter und selbstverantworteter Caritas vermittelt. Grundlage ist einmal die Caritas Jesu Christi. Hinzu kommen viele Porträts engagierter Christinnen und Christen bis heute. Andererseits sind uns immer wieder Partnerinnen und Partner aus verschiedenen Konfessionen und Menschen guten Willens willkommen. „Hoffnung und Zuversicht gründen in dem festen Glauben, dass Gott in jedem Menschen lebt und dass er auch durch uns wirkt, wenn wir uns vom Geist der Liebe anstecken, ermutigen und bewegen lassen."[28]

(Anscheinender) Priestermangel bei gleichzeitiger (erheblicher) Aufstockung der pastoralen Mitarbeiter(innen) und schwindendes Gemeindevolumen zwingen zu Kooperation und Fusion von kleineren und größeren Gemeinden. Neue Pastoralplanungen auf der Grundlage der Communio-Pastoral – das ist meine Definition von der diakonischen Kirche – als Pfarrverbände und -verbünde, der Seelsorgebereich und -einheiten, der Pfarreiengemeinschaften und Teams treffen auf Caritas-Konferenzen, caritative Helfergruppen, auf das „alte" Ehrenamt und die „neue" Freiwilligkeit. Wer begleitet diese „kooperative Caritas"? Bei Beratungen und Entschei-

---

[28] Caritas-Konferenzen, Leitgedanken, Freiburg 2000.

dungen spielen örtliche Gegebenheiten, Größe, Strukturen, Pastoral, Kirche und Kommune, Geschichte, Finanzen, Personal und die vorauszusehende Zukunft eine Rolle.

Leitbildprozesse und Leitbildfragen, wie z. B. Wo kommen wir her? Wer sind wir? Was wollen wir? Was können wir anders machen?, also Fragen um Ethik, Personal, Politik und Qualität, spielen mehr und mehr auch für unsere Kirchengemeinden kooperativer Pastoral eine Rolle. Allein der Zusammenhang zwischen Leitbild, Organigramm und Qualitäts-Management ist wichtiger denn je! Nachzudenken ist über den Wert und den Mehrwert von Kooperation, über das Erleben größerer Gemeinschaft, die Bündelung von Kräften, über vielfältigere Angebote, über das Kirchenbewusstsein überhaupt und erst recht über die soziale und finanzielle Verantwortung.

9. Organisierte Caritas der Verbände, Dienste und Einrichtungen

„Alle in einer Einrichtung der katholischen Kirche Tätigen tragen durch ihre Arbeit ohne Rücksicht auf die arbeitsrechtliche Stellung gemeinsam dazu bei, dass die Einrichtungen ihren Teil am Sendungsauftrag der Kirche erfüllen kann."[29] Dabei werden Träger und Leitungen der Verbände, Dienste und Einrichtungen für den christlichen Charakter katholischer Prägung verantwortlich gemacht. Nicht das Profil der Mitarbeiterinnen und Mitarbeiter steht an erster Stelle, sondern das Profil der Verbände, Dienste und Einrichtungen überhaupt. Dazu heißt es in der Erklärung der Bischöfe zum kirchlichen Dienst[30], aus der 1993 die Grundordnung entstand: „Träger und Leitung tragen die Verantwortung für den kirchlichen Charakter der Einrichtung. Sie haben auch dafür zu sorgen, dass in der Einrichtung geeignete Personen tätig

---

[29] Vgl. Anmerkung 19, Art. 1.
[30] Sekretariat der Deutschen Bischofskonferenz (Hg.), Die deutschen Bischöfe 51, Erklärung der deutschen Bischöfe zum kirchlichen Dienst vom 22. September 1993, 9. ergänzte Auflage 2003.

sind, die bereit und in der Lage sind, den kirchlichen Charakter der Einrichtung zu pflegen und zu fördern."[31]

Die Kraftquelle der organisierten Caritas ist und bleibt das persönlich gelebte Engagement ihrer Mitarbeiterinnen und Mitarbeiter für die Menschlichkeit, das aus ihrem christlichen Menschenbild entspringt. Zu fördern sind die psychologischen Strukturen von

- Vertrauen als Selbstvertrauen und Vertrauen in den Mitmenschen und Kollegen. Wo ist nicht Selbstvertrauen schon brüchig und das Vertrauen in den Mitmenschen erschüttert worden? Die breite Basis eines uneingeschränkten Gottvertrauens – weil Gott mich liebt – hilft da weiter.
- Lebensbejahung gegen alles Defizitdenken im festen Blick auf die Ressourcen unserer Arbeit in der organisierten Caritas einer diakonischen Kirche und
- immer neuer Beziehungsfähigkeit im Miteinander!

Lassen Sie mich das mit meiner Profession ausdrücken. Ganz theologisch meint das:
- den gemeinsamen Glauben (= Vertrauen) als Zugang zum Sinn des Lebens
- die eine Hoffnung (= Lebensbejahung) im Blick auf die Zukunft und
- die Liebe (= Beziehungsfähigkeit) zum Mitmenschen und zu Gott.

„Der Caritasverband steht heute sowohl nach innen als auch nach außen für die Qualität der Hilfe aus dem Geist christlicher Caritas und ist Zusammenschluss und Träger für viele Fachdienste. Die Leistungsfähigkeit der verschiedenen Dienste, die dem hilfebedürftigen Menschen zur Verfügung stehen, gehört zur Qualität der Caritas. In dem Sinne nimmt der Caritasverband auch ergänzend die Dienste wahr, die für die einzelne Gemeinde eine Überforderung sind" (Die deutschen Bischöfe)[32].

---

[31] Ebd., II,2.
[32] Anmerkung 6, 4.3.3.2.

Statements von Leitbildbeauftragten aus Verband, Klinik, Seniorenzentrum und Ambulanz

Die folgenden acht Statements ziehen jeweils das Resümee aus einem Leitbildprozess. Im Fokus werden Verband, Klinik, Seniorenzentrum und Ambulanz sichtbar. Verschiedene Rechtsformen wie (kirchliche) Stiftung, eingetragener Verein (e.V.), mildtätige oder gemeinnützige Gesellschaft mit beschränkter Haftung (mGmbH/gGmbH) sind erfasst. In sechs Einrichtungen moderierte der Herausgeber den gesamten Prozess. Darüber hinaus war er Berater. Die Statements zeichnen nicht nur die Entstehung, sondern vor allem die Umsetzung des Leitbildes mit Hilfe des jeweiligen Qualitätsmanagements nach.

Andreas Bik

Stiftung St. Ludgeri, Essen

Mit Blick auf das nahende Ausscheiden des langjährig tätigen Heimleiter-Ehepaares ist in unserer Einrichtung ein Organisationsentwicklungsprozess eingeleitet worden, in dessen Rahmen auch das am 23.01.1997 verabschiedete Leitbild eine entscheidende Rolle spielte. Dieses Leitbild sollte als künftige Orientierung für die Aufgabenwahrnehmung unserer Einrichtung dienen und auf diese Weise die Basis für ein christlich orientiertes Wirgefühl schaffen.

Die Arbeit in unserer Einrichtung ist schon immer durch eine christliche Grundeinstellung geprägt gewesen. Allerdings fehlte eine schriftlich fixierte Leitlinie für die Alltagspraxis.

Bei der Entwicklung des Leitbildes war die starke Einbindung der Mitarbeiterinnen und Mitarbeiter von entscheidender Bedeutung für dessen Akzeptanz. In einem ersten Schritt beschäftigten sich zunächst zwei Mitarbeitergruppen unter Moderation der Einrichtungsleitung einerseits mit Aspekten der Bewohnerorientierung und andererseits mit solchen der Mitarbeiterausrichtung. In einem zweiten Schritt wurden die Ergebnisse beider Arbeitsgruppen auf der Trägerebene überarbeitet und alsdann noch einmal mit den Arbeitsgruppen erörtert.

Herausgekommen ist ein Leitbild, das neben allgemeinen Grundsätzen und der Formulierung einer Zielsetzung ganz explizit in einem gesonderten Absatz Bewohnerinnen und Bewohner in den Mittelpunkt stellt sowie das Besondere einer christlich orientierten Aufgabenwahrnehmung herausstellt. Außerdem findet eine entsprechende Selbstverpflichtung der Mitarbeiterinnen und Mitarbeiter ihren Niederschlag. Darüber hinaus sind auch die ehrenamtlich Tätigen ausdrücklich einbezogen worden. Die Beteiligung der Mitarbeiterinnen und Mitarbeiter am Leitbildprozess führte zu einer bereitwilligen Annahme und wirkte so dem Gefühl einer angeordneten Maßnahme entgegen.

Das Leitbild wurde fortan fester Bestandteil unserer Unternehmensphilosophie und ständiger Begleiter in der täglichen Arbeit. Jeder Mitarbeiter wird auch im Rahmen seines Dienstvertrages auf das Leitbild verpflichtet und jeder Heimbewohner und Angehörige erhält ein gebundenes Exemplar ausgehändigt. Auf diese Weise erfährt das Leitbild die nötige Transparenz nach außen und allgegenwärtige Präsenz.

Rückblickend auf jetzt sieben Jahre Leitbildkultur bleibt festzustellen, dass die mit Einführung des Leitbildes verbundenen Erwartungen vollumfänglich erfüllt wurden. Nicht nur der Träger und die Einrichtungsleitung, sondern auch die Mitarbeiterinnen und Mitarbeiter an der Basis haben die Gedanken unseres Leitbildes verinnerlicht. Das Leitbild hilft uns, unsere Einrichtung als einen Ort anzunehmen, an dem auch in der täglichen Arbeit das Bemühen um christliche Nächstenliebe ihren unverkennbaren Ausdruck erfährt.

Georg Bonerz

Katholisches Altenwohnheim und Pflegeheim Marienhaus, Essen, gGmbH

In den Jahren 1990 bis 1992 haben wir für unsere Einrichtung eine Zielkonzeption erarbeitet. Im Rahmen dieser Arbeit haben wir uns mit Dingen wie Leitbild für die Pflege und Unternehmensleitbild beschäftigt. Die Vorarbeit gestaltete sich so, dass wir das Zielkonzept mit anderen Kollegen gemeinsam erarbeiteten, wobei jedoch jedes Haus sein eigenes Konzept entwickelte.

Danach konfrontierten wir unsere Mitarbeiter mit diesem Zielkonzept über einen Zeitraum von insgesamt 10 Tagen, wobei die Auseinandersetzung zu einem erhöhten Problembewusstsein und einer größeren Identifikation mit dem Marienhaus führte.

Bedingt durch die Einführung der Pflegeversicherung im Bereich der stationären Altenpflege zum 01.07.1996 war relativ schnell klar, dass sich die Ansprüche des Gesetzgebers und auch der Bewohner (unserer Kunden) erhöhen würden und wir unsere Arbeit transparenter darstellen mussten.

Bereits im Oktober 1998 ließen wir von einem QM-Auditor eine erste Ist-Analyse erstellen und so machten wir uns auf den Weg, ein Qualitätsmanagementsystem zu entwickeln. Zwischenzeitlich haben wir noch unser altes Marienhaus abgerissen und eine Übergangslösung für die 116 Bewohner erstellt, wo sie für die Bauzeit eines neuen Hauses (2 Jahre) bleiben konnten. Außerdem waren die Umwälzungen, die die Pflegeversicherung mit sich brachte, zu bewältigen und zu verdauen.

Im Juli des Jahres 2003 haben wir uns dann dem Zertifizierungsprozess gestellt und gelten nun als Einrichtung, die zertifiziert ist nach DIN EN ISO 9001:2000. Diese ganze Arbeit bedeutete nicht nur einen hohen Einsatz der Mitarbeiter, sondern auch an finanziellen Mitteln. Wir absolvierten und bestanden eine 80er-Prüfung durch den MDK und drei Besuche der Heimaufsicht.

Unserer Meinung nach gibt es zur Qualität keine Alternative und über Zielkonzept und Zertifizierung sind wir zu einer selbstbewussten und kompetenten Einrichtung geworden. Um diesen Stand zu erreichen, bedurfte es ein Mehr an Personal und vor allem bedurfte es sachgerechter Einstufungen der Bewohner, da sonst die finanziellen Mittel fehlen, um Mitarbeiter einstellen zu können bzw. auch den Qualitätsprozess finanzieren zu können. Dieser Prozess ist nunmehr unumkehrbar und wir können ihn unbedingt weiter empfehlen.

Übrigens müssen wir uns in 3 Jahren wieder dem Zertifizierungsprozess stellen, um für die nächsten 3 Jahre das Zertifikat zu erhalten.

Rolf Groeger

Katholische Alten- und Pflegeheime Essen mGmbH

Aufsichtsrat und Gesellschafterversammlung haben im Jahre 2002 ein Leitbild für alle Mitarbeiterinnen und Mitarbeiter der Katholischen Alten- und Pflegeheime Essen mGmbH vorgelegt. Dieses Leitbild beschreibt Maßstäbe beruflichen Handelns, die Qualität der Dienste und die Grundlagen der Zusammenarbeit.

Caritas wird so angewandt und erfahrbar als die Liebe des menschgewordenen Gottes. Sie ist und bleibt Wesensäußerung einer geschwisterlichen Kirche. Christliches Menschenbild katholischer Prägung und angewandte katholische Glaubenslehre bekommen so ihre unverwechselbare Gestalt.

Angeregt durch die Leitungsebene im Sommer 2000 beauftragte der Aufsichtsrat am 14. August 2000 die Mitarbeiterinnen und Mitarbeiter der Caritas zur Erstellung eines Leitbildes. Diese wurden am 19. und 20. September 2000 vom Beginn des Leitbildprozesses unterrichtet. Das Leitbild wurde erstellt für die Häuser St. Anna und St. Monika, für alle leitenden und ausführenden Berufe und im Blick auf den Lebensraum unserer Bewohnerinnen und Bewohner, auf unsere Kirchengemeinden und Stadtteile.

Viele Mitarbeiterinnen und Mitarbeiter haben sowohl im Lenkungsausschuss als auch in vier Workshops unser Leitbild erstellt, unterstützt durch eine Mitarbeiterbefragung und zahlreiche Umfeldinterviews. Sie haben gefragt:
- Woher kommen wir?
- Wer sind wir?
- Was wollen wir?
- Was wollen wir ändern?

Die ersten drei Positionen lassen sich jederzeit in den Leitbildern nachlesen und sind fester Bestandteil. Entscheidend ist der vierte Punkt: Was wollen wir ändern?

Die im Folgenden genannten Anregungen sind in einem Leitbildprozess – das sagt schon das Wort aus – nicht statisch, sondern im Fluss. Die Überprüfung ist wesentlicher Bestandteil des zu erstellenden Leitbildes. Die Mitarbeiterinnen und Mitarbeiter der Kath. Alten- und Pflegeheime Essen mGmbH haben für das Jahr 2004 so genannte „Oasentage" geplant. Tage, an denen sich Mitarbeiter zurückziehen können und sich selbst, unterstützt von einer Moderatorin, mit Glaubensfragen hinsichtlich beruflicher und privater Situationen auseinander setzen können.

Einige wichtige Anmerkungen zu dem Thema „Was wollen wir ändern?" Für die Umsetzung der Überlegung muss als Leitwort gelten: „Was ihr von anderen erwartet, das tut ebenso auch ihnen" (Lk 6,31).

Beide Häuser wollen den Bewohnerinnen und Bewohnern sowie ihren Angehörigen noch mehr als bisher Geborgenheit vermitteln. Für die allgemeine Atmosphäre ist es wichtig, menschlich miteinander umzugehen. Dazu gehört auch die Pflege einer guten Streitkultur sowie der richtige Umgang mit unseren Höhen und Tiefen, Fehlern und Schwächen. Deshalb benötigen wir mehr als bisher eine gemeinsame Fort- und Weiterbildung.

Wir wollen verstärkt Anwalt unserer Bewohnerinnen und Bewohner in der kommunalen Sozialpolitik und der Lebenswelt unserer Häuser sein. Dazu gehört auch die wirtschaftliche Transparenz nach innen und außen.

Über die Leistungen der einzelnen Pflegestufen hinaus haben unsere Häuser besondere Qualitätsmerkmale bei Ehrenamt und Freiwilligkeit. Außerdem prägen Ordensfrauen in St. Anna die Atmosphäre.

Für die Zukunft ist für beide Häuser eine eigene, intensive Seelsorge geplant, die sowohl Mitarbeiter als auch Bewohner erreicht. Die Einrichtung von Palliativgruppen für beide Häuser ist ein positives Ergebnis in dieser Hinsicht.

Agnes Holling

Landes-Caritasverband für Oldenburg e. V. und Caritas-Sozialwerk St. Elisabeth, Vechta, e. V. und gGmbH

Eine Fachtagung unseres Landes-Caritasverbandes zum Thema „Ehrenamtlichkeit" am 24. März 2001 gab den Impuls zur Initiierung eines Leitbildprozesses. Der Referent, Dr. Martin Patzek, Caritaswissenschaftler und Berater von Einrichtungen und Diensten der Caritas, bot seine Begleitung an, und der Vorstand des Landes-Caritasverbandes begrüßte diese Initiative. Parallel beschloss das Kuratorium des Caritas-Sozialwerks, auch hier einen Leitbildprozess durchzuführen. Nach einer Präsentation des Leitbildprozesses durch den Moderator am 25. September 2003 entwickelte sich eine Abfolge von Terminen – Auftaktveranstaltungen, Inputs, Workshops, Sitzungen der Projektleitungen und der Steuerungsgruppen – in Hierarchie übergreifender Zusammensetzung der Teilnehmer und mit unterschiedlichen Fragen und Reflexionsergebnissen.

Parallel zu diesem Leitbildprozess stand unser Verband vor der Aufgabe, die zukünftige Arbeit mit einem möglichst eingeschränkten Personalbestand anzugehen. So wurden Aufgabenfelder auf ihre aktuell effiziente Arbeit hinterfragt und gewachsene Strukturen infrage gestellt.

Die umfangreichen Workshops und Diskussionen zur Frage „Woher kommen wir?" waren Auslöser für eine Rückbesinnung auf eigentliche Aufgabenfelder der Caritas. So wurde in einigen Fällen deutlich, dass manche Praxisfelder, Projekte und Initiativen inzwischen eine Eigendynamik entwickelt haben – ohne stete Rückbesinnung auf die anfängliche Intention. Die Fragen „Wer sind wir (heute)?" und „Was wollen wir (zukünftig)?" gaben allen Beteiligten Impulse zur Auseinandersetzung mit dem genuinen Auftrag der Caritas als Wesensäußerung der katholischen Kirche.

In diesem Zusammenhang wurden aktuelle Strukturen auch in ihrer Orientierung an speziellen Aufgabenbereichen der Kirche (wie z. B. Gemeindecaritas) hinterfragt und neue Synergieeffekte durch mögliche Vernetzungen projektiv erörtert. Auch wurde in verschiedenen Sitzungen die Zuordnung von Verantwortung und Entscheidungskompetenz intensiv diskutiert. Vorhandene Positionen, etwa im Kuratoriumsvorsitz des Caritas-Sozialwerkes, wurden infrage gestellt. So gab es Plädoyers für eine andere „Verteilung" im Caritas-Sozialwerk zugunsten einer Stärkung der Position des Caritasdirektors.

Die Ebene der Team-Kommunikation und -Interaktionen werden in beiden Institutionen zu reflektieren sein. Mögen die umfangreichen Engagements zur Positionsbestimmung und die in beiden Einrichtungen erarbeiteten Visionen in eine effektive Arbeitskultur einmünden und auch vorhandene Ressourcen für innovative Prozesse eingebracht werden. Möge die in diesem Leitbildprozess entwickelte Dynamik weiterhin die Caritas-Arbeit effizient gestalten, das erarbeitete Leitbild dem täglichen Handeln stete Orientierung und wertorientierte Begründung geben, um optimale fachliche und caritasspezifische Qualität der Dienstleistungen zu erzielen.

„Diese wertorientierte Begründung von Qualitätsmanagement in der Caritas ist Ausgangspunkt aller konkreten Zielformulierungen und nachfolgenden strategischen und operativen Entscheidungen einer Organisation. Diese machen ihre Qualitätspolitik im Besonderen aus."[1]

---

[1] DCV, Eckpunkte für Qualität in der verbandlichen Caritas, Beschluss des Zentralrates vom 28. Januar 2003, in: neue caritas 8/ 17. April 2003, 37.

Markus Kampling

Katholische Pflegehilfe Essen e. V. und mGmbH

In der langen Geschichte der Kirche hat es immer wieder Menschen gegeben, die es gewagt haben, sich auf Freude und Hoffnung, Trauer und Angst ihrer Mitmenschen einzulassen. In den 70er-Jahren waren es die Gemeindeschwestern, meist Ordensfrauen, die in diesem Sinne kranke und/oder alte Menschen in den Essener Kirchengemeinden katholischer Prägung gepflegt haben. Die Katholische Pflegehilfe Essen gründet sich auf caritativen Orden und den vinzentinischen Caritas-Konferenzen.

Die steigende Anzahl Hilfebedürftiger veranlassten den Caritasverband für die Stadt Essen, Kurse für Hauskrankenpflege anzubieten, aus denen in den 70er-Jahren 34 Pflegehilfegruppen der Katholischen Familienhilfe in den Essener Kirchengemeinden hervorgingen und von ehrenamtlichen Helferinnen betreut wurden. Die Helferinnen kamen aus den Caritas- bzw. den Elisabeth-Konferenzen (CKD), aus der Katholischen Frauengemeinschaft (KFD) oder dem Katholischen Deutschen Frauenbund (KDFB). 1991 wurde die Katholische Pflegehilfe e. V. gegründet und ist seitdem unter eigener Trägerschaft für hilfebedürftige Menschen tätig. Die Katholische Pflegehilfe e. V. ist ein Verein, dessen Zweck die Förderung und Unterstützung der ambulanten und Kranken- und Altenpflege im Sinne von caritativer Arbeit ist. 2003 wurde das Tochterunternehmen Katholische Pflegehilfe mGmbH gegründet; hier wurde der gesamte Bereich der ambulanten Pflege angesiedelt.

Die Arbeit der Katholischen Pflegehilfe definiert sich als „gemeindenahe Pflege", d.h. Menschen aus den Kirchengemeinden und Stadtteilen versorgen Menschen in den Kirchengemeinden. Zum Grundsatz der Lebensweltorientierung gehören neben den intensiven Kontakten zu den Priestern, Diakonen und Mitarbeiterinnen und Mitarbeitern im pastoralen Dienst auch die Kontakte zu Seniorentreffs, die Teilnahme an Pfarrfesten, die Zusammenarbeit mit den Ehrenamtlichen und Freiwilligen der Kirchengemeinden und vieles mehr. So wird sichergestellt, dass Informationen über das aktuelle Geschehen in den Kirchengemeinden an die Patienten weitergegeben werden können. Wir leben aus und mit der Geschichte und spüren, dass auch heute noch gemeindenahe Versorgung gefragt ist, denn die Ressourcen der Katholischen Pflegehilfe liegen auch in der Lebenswelt katholischer Kirchengemeinden.

Vertrauen, Lebensbejahung und Beziehungsfähigkeit als Fundament eines christlichen Menschenbildes katholischer Prägung bilden die tragenden Säulen unserer Dienstgemeinschaft. Verbunden mit einer flachen Hierarchie erleben die Mitarbeiter die Führung des Unternehmens als Miteinander in der Orientierung an den Pflegebedürftigen. Gestützt wird unsere Arbeit durch zahlreiche Kooperationen mit verschiedenen Sektoren des Gesundheitswesens. Neben der Zusammenarbeit mit den Kirchengemeinden und dem Caritasverband der Stadt Essen sind hier u.a. medizinisch-pflegerische Dienstleistungsunternehmen (Haus- und Fachärzte, Krankenhäuser, Hospizdienste, Apotheken, Sanitätshäuser), Aus-, Fort- und Weiterbildungsinstitute und mobile Dienste (Friseur, Fußpflege, Essen auf Rädern, Hausnotruf) zu nennen.

Als zukunftsorientiertes Unternehmen möchten wir unsere bestehenden Strukturen stärken, ausbauen und systematische Entwicklung betreiben. Hierzu gehört vor allem die Kirchengemeinde als Basis kooperativer Pastoral, seelsorgerische Begleitung der Patienten, Angehörigen und Mitarbeiter, eine neue Einheit aller Gruppen, Qualitätsentwicklung nach dem Prinzip der kontinuierlichen Verbesserung, Partnerschaft für die Ausbildung der Pflegeberufe und nicht zuletzt die Kooperation mit anderen christlichen Unternehmen im Sinne der integrierten Versorgung.

Otfried Priegnitz

Katholisches Krankenhaus St. Elisabeth, Hattingen-Blankenstein, gGmbH

Im Jahre 1994 fand die Umwandlung des bisher im Eigentum der Katholischen Kirchengemeinde befindlichen Krankenhauses in die „Kath. Krankenhaus St. Elisabeth Blankenstein gGmbH" statt. Gleichzeitig wurde der Name geändert und aus dem „St. Elisabeth Krankenhaus" wurde die „Klinik Blankenstein". Dies wurde vereinbart, da es in Hattingen zwei Krankenhäuser mit demselben Namen gab.

Vom damaligen Geschäftsführer wurde der Auftrag an ein externes Unternehmen vergeben, ein Leitbild für die Klinik Blankenstein zu entwickeln und zu schreiben. Das Ergebnis war ein DIN-A0-Plakat mit Leitsätzen. An dieser Entwicklung des Leitbildes war damals kein Mitarbeiter der Klinik Blankenstein beteiligt. Eine Identifikation mit diesem Leitbild konnte somit nur schwer erfolgen.

Im Herbst 2001 wurde vom damaligen Aufsichtsrat der Auftrag an den Geschäftsführer erteilt, ein neues Leitbild zu erstellen. Als Moderator wurde der Dozent für Caritaswissenschaft, Dr. Martin Patzek, benannt. Informiert wurden zu diesem Zeitpunkt die Mitarbeitervertretung, die leitenden Ärzte und die Abteilungsleitungen.

Der gesamte Prozess zur Planung unseres Leitbildes begann. Im Dezember 2001 wurden die Mitglieder der Projektleitung und der Steuerungsgruppe sowie der Leitbildbeauftragte benannt. Nach der Auftaktveranstaltung im Januar 2002, an der ca. 100 Mitarbeiterinnen und Mitarbeiter teilnahmen, wurden zwei Workshops aktiviert, zu denen sich Interessierte meldeten. Folgende Themen der Workshops standen zur Auswahl: Workshop 1: „Woher kommen wir?" und Workshop 2: „Wer sind wir?"

Nachdem in mehreren Wochen intensiver Arbeit Workshop 1 und Workshop 2 die Ergebnisse präsentieren konnten, wurden zuerst eine Mitarbeiterbefragung und danach die Patientenbefragung durchgeführt. Wir orientierten uns an bereits erarbeiteten Fragebögen nach dem EFQM-Modell (European Foundation for Quality Management), die zuvor in 26 Kliniken bundesweit eingesetzt wurden. Durch die hohe Beteiligung dieser beiden Befragungen hatten wir die Möglichkeit, aussagekräftige Daten zu präsentieren. Die Ergebnisse der Patienten- und Mitarbeiterbefragung sind in Form eines Faltblattes veröffentlicht worden.

Während der Zeit, in der die Befragungen durchgeführt wurden, luden wir den Moraltheologen aus Bochum, Professor Dr. Hans Kramer, zu einem Vortrag zum Thema „Christliches Krankenhaus katholischer Prägung" ein – ein Referat, das uns im weiteren Leitbildprozess immer wieder begleitet hat und eine Orientierung bot. Vier Aspekte christlicher Sozialethik und Sozialpraxis hatten Priorität: Miteinander, Hilfe, Mitwirkung, Freiraum.

Nachdem auch dieser Prozess abgeschlossen war, konnten wir uns auf Workshop 3: „Was wollen wir?" konzentrieren. In diesem Workshop wurden die Ergebnisse aus den Workshops 1 und 2, dem Referat von Professor Kramer sowie die Patienten- und Mitarbeiterbefragung berücksichtigt und sehr eng mit eingebunden.

Während der Arbeit im Workshop 3, den zwei Moderatorinnen begleiteten, wurden unter den Beteiligten drei Kleingruppen gebildet. Die erste Kleingruppe hatte die Aufgabe, sich mit den Themen „Mitarbeiterorientierung", „Personalorientierung" und „Ethik des unternehmerischen Handelns" zu beschäftigen. Die zweite Gruppe beschäftigte sich mit den Themen „Qualitätsmanagement", „Patientenorientierung" und „Kommunikation". Die dritte Gruppe übernahm den Auftrag, sich mit „Führung und Leitung" sowie dem „Christlichen Menschenbild" auseinander zu setzen.

Nachdem auch diese Ergebnisse vorlagen, fand die Formulierung der einzelnen Leitbildsätze zu den definierten Themen statt. Diese wurden der Steuerungsgruppe vorgelegt und dort diskutiert. Eine Kleingruppe aus den Mitgliedern der Steuerungsgruppe wurde beauftragt, sich mit den einzelnen Punkten und Texten nochmals intensiv zu beschäftigen. Orientiert haben wir uns während des gesamten Prozesses an den Aussagen „Unser Leitbild soll motivieren", „Unser Leitbild soll koordinieren" und „Unser Leitbild soll innovativ sein".

Im Januar 2004 hat die Steuerungsgruppe die vorliegenden Texte verabschiedet und im Februar 2004 der Projektleitung vorgelegt. Nach deren Genehmigung wurden noch die Form, die grafischen Elemente und der Auszug eines Plakates festgelegt.

Der Aufsichtsrat des Katholischen Klinikums Bochum ist in einer Sitzung, die im März 2004 stattfand, unterrichtet worden und hat den vorliegenden Entwurf unseres zukünftigen Leitbildes verabschiedet.

Über 50 Mitarbeiterinnen und Mitarbeiter haben aktiv an der Entstehung unseres Leitbildes mitgearbeitet. Vergessen dürfen wir aber auch nicht diejenigen, die diesen Prozess passiv begleitet haben, denn nur durch deren Verständnis konnten die einzelnen Workshops ihren Auftrag auch ausführen.

Alle Mitarbeiterinnen und Mitarbeiter sind ständig über die Entwicklung und den Stand dieses Prozesses informiert worden. Von der Auftaktveranstaltung bis zur Vorstellung des Leitbildes benötigten wir einen Zeitrahmen von zweieinhalb Jahren. Ein Leitbild, das von allen Mitarbeiterinnen und Mitarbeitern umgesetzt, gelebt und weiterentwickelt werden soll.

Mit diesem Leitbild haben wir den Grundstein für den Aufbau des Qualitätsmanagements gelegt und können uns nun der Frage „Was müssen wir ändern?" widmen.

Meinolf Roth

Theresia-Albers-Stiftung, Hattingen-Bredenscheid

Als die Ordensgemeinschaft der Schwestern zum Zeugnis der Liebe Christi e. V. in Hattingen-Bredenscheid für ihre beiden Einrichtungen, das Behindertenwohnheim Haus Theresia und das Altenheim St. Josef, zum 1. Januar 1996 die Theresia-Albers-Stiftung errichteten, schrieb sie in das Stiftungsgeschäft für die Theresia-Albers-Stiftung:

„In der Verpflichtung gegenüber der Gründerin unserer Ordensgemeinschaft, Mutter Theresia Albers, in der Überzeugung, dass unsere bisherigen caritativen Dienste in freier Trägerschaft notwendig sind, sowie im Vertrauen auf Gottes gütigen Beistand und seine Begleitung sowie die Fürsprache der Gottesmutter Maria wollen wir durch die Errichtung der Theresia-Albers-Stiftung in Hattingen-Bredenscheid ein lebendiges Zeichen der Liebe Christi für die Zukunft setzen."

Diese Verpflichtung gegenüber der Ordensgründerin wurde im Leitbild der Theresia-Albers-Stiftung umgesetzt. Zwei Jahre lang beschäftigten sich Mitarbeiterinnen und Mitarbeiter wie auch Ordensfrauen aus dem Orden der Schwestern zum Zeugnis der Liebe Christi mit der spannenden Frage, wie lassen sich die Ziele und Aussagen von Theresia Albers in die heutige Zeit um- bzw. übersetzen? Was muss unser Handeln leiten als Organisation, die das Werk Theresia Albers fortsetzen soll?

Das so entstandene Leitbild wurde zur Grundlage jeglichen Handelns in den Einrichtungen der Theresia-Albers-Stiftung. Auf dieser Grundlage entstanden das Pflegekonzept für die Einrichtungen der Altenhilfe, das Betreuungskonzept für den

Bereich der Behindertenhilfe und das Hauswirtschaftskonzept als zentrale Aufgabe für alle Einrichtungen der Stiftung.

Um das Leitbild und die damit verbundenen Konzepte in den Alltag und damit in die Praxis einfließen zu lassen, bedurfte es eines Managementsystems, das diesen dynamischen Prozess steuert. Diese Steuerung wurde mit Hilfe des Caritas-Qualitätsmanagements (CQM) erreicht. Neben der Strukturqualität wurde damit auch die Prozessqualität gesichert.

Die Ergebnisqualität wird erreicht, indem die Prozesse immer wieder evaluiert und die aktuellen Ziele am Leitbild ausgerichtet werden. Letztendlich wird dadurch sichergestellt, dass das Leitbild nicht nur auf dem Papier steht, sondern auch gelebt wird.

Günter Schroeder

Katholisches Altenzentrum St. Josefshaus, Witten-Herbede, gGmbH

Könnte mein Vorhaben, die Qualität unserer caritativen Einrichtung zu beschreiben und in ein Handbuch zu formen, nicht eher zum Leid-bild werden? Die Beteiligung vieler Mitarbeiter(innen), Gremienvertreter, Nachbarn, Freunde und Ehrenamtlichen war gefragt, damit Qualität nicht im Ordner abgelegt würde, sondern tragfähige und lebendige Säulen hätte.

Vom Prozessbeginn vor mehr als drei Jahren bis Ende 2003 erlebten wir eine Vielzahl von Phasen und Etappen hautnah – oft ganz untypisch für Qualitätsmanagement. Den Auftrag für die Erstellung eines Leitbildes gab der Träger und Hauptgesellschafter, Dechant Joachim Winter, an den Aufsichtsrat. Leitbildbeauftragter wurde der Geschäftsführer.

Leitbild im Sinne der Caritas? Qualität in einem christlichen Haus katholischer Prägung? Was ist das? Wie kann man das verstehen?

Der erste Versuch nahm die – wie wir glaubten – unauffälligste Gruppe in den Blick: 36 Ehrenamtliche, die täglich, wöchentlich, monatlich zu regelmäßigen Terminen in unser Altenzentrum kommen, um zu basteln, zu singen, zu kochen, vorzulesen, zu kegeln, spazieren zu gehen, Gottesdienste vorzubereiten, Ausflüge zu unterstützen, in der Cafeteria Dienst zu tun. Sie wurden zu einer Fortbildung eingeladen. Die Reaktion war allerdings ähnlich dem Wassertropfen, der in ein Glas tropft und damit das Wasser zum Überlaufen bringt. Verweigerung bis Unmutsäußerungen, wie: „Haben wir denn bisher alles falsch gemacht?", waren die Folge. „In unserem Alter wollen wir nicht mehr die Schulbank drücken!"

und: „Wo wollen Sie uns denn noch einsetzen?" oder: „Wir leisten doch wohl schon genug!"

Ähnliche Situationen erlebte der Qualitätsbeauftragte mit Mitarbeiterinnen und Mitarbeitern, die zwar dem Auftrag folgten und Qualitätszirkel bildeten, aber zu wenig Zeit hatten. Störungen, Unterbrechungen und Terminverschiebungen waren die Folge. Wir brauchten fachliche Hilfe und neue Perspektiven. Jemand musste helfen, Druck herausnehmen, Überzeugungsarbeit leisten, motivieren und das WIR-Gefühl neu wecken und definieren.

Kooperationspartner und Coachinggruppe wiesen auf einen Moderator – sogar mit bischöflichem Auftrag – hin: Dr. Martin Patzek, Caritaswissenschaftler und früherer Geschäftsführer eines Großstadtverbandes, war bereit, uns zu helfen. Einmal aus einer freundschaftlichen Verbundenheit mit dem Träger heraus und zum anderen in der Erinnerung an eine frühere Vikarstätigkeit in der Kirchengemeinde.

Alle Gruppen – Pflege, Hauswirtschaft, Sozialdienst, Verwaltung, Haustechnik, ehrenamtlich Tätige, Geschäfts- und Betriebsleitung, Aufsichtsrat und Gesellschafter – wurden einbezogen.

Workshops bildeten sich und nahmen mit der jeweiligen Aufgabenstellung ihre Arbeit auf.

Es wurde gefragt: Woher kommen wir? Wer sind wir? Was wollen wir? Was können wir ändern?

Es wurde recherchiert, gesammelt, interviewt, dokumentiert, berichtet und ausgewertet. Verbunden mit gemeinsamen Gottesdiensten und kurzen, prägnanten Projektleitungen und Steuerungsgruppen, trugen die Mitarbeiter(innen) der Workshops ihre Ergebnisse vor. Mosaikstein für Mosaikstein ließen allmählich ein gemeinsam gestaltetes Bild erkennen.

Befragungsergebnisse – durchgeführt mit externen Interviewern im Hause, bei Nachbarn, in der Fußgängerzone und insbesondere vor den christlichen Kirchen katholischer und evangelischer Prägung – ergänzten unsere Erkenntnisse. Sie lauteten: Das Katholische Altenzentrum St. Josefshaus Herbede gGmbH genießt am Ort einen guten Ruf, hat bei vielen Bürgerinnen und Bürgern einen hohen Bekanntheitsgrad mit betont kirchlichem Charakter und ist bei Mitarbeitern als zuverlässiger Arbeitgeber in Erinnerung. Allerdings wünschte man sich auch mehr Pflege und vorteilhaftere Zimmereinrichtungen ...

Unser Qualitätsmanagement beginnt jetzt, kurz-, mittel- und langfristige Ziele zu verwirklichen. Dazu gehören:
- Stärkere Anwendung katholischer Soziallehre als christliche Sozialpraxis
- Deutlichere Kooperation mit unseren Ehrenamtlichen und Anschluss an die Arbeitsgemeinschaft der Katholischen Altenheimhilfe
- Spürbarere Seelsorge der christlichen Kirchen für Mitarbeiter(innen) und Bewohner(innen)
- Mehr Vertrauen, Lebensbejahung und Beziehungsfähigkeit durch Einladung zu Besinnungstagen, Exerzitien und Katholikentagen bzw. ökumenischen Kirchentagen.

Bauliche Veränderungen und ökologische Aspekte, Patientenverfügungen, Sterbe- und Trauerbegleitung sind weitere Themen unserer Qualitätsentwicklung und Qualitätssicherung.

Aus Leidbild wurde Leitbild – auf Dauer angelegt und qualitativ entwicklungsfähig!

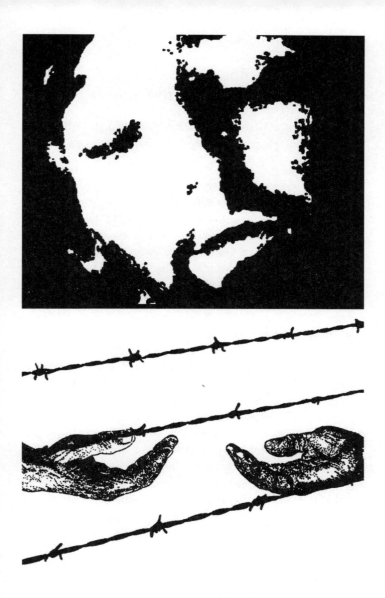

Gefangene erlösen
Collage zu Francisco de Goya (1746–1828), Gefangennahme Christi, 1789

Hans Kramer

Caritas und ihre Mitarbeiter(innen)

Ethische Grundsätze und praktische Konsequenzen

Die Caritas mit ihren Unternehmungen und Angeboten ist am sozialen Markt. Sie ist auf dem sozialen Markt. Deshalb wird sie mit den Maßstäben dieser Welt und dieser Zeit gemessen. Die Caritas mit ihren Unternehmungen und Angeboten ist aber auch von der Kirche und in der Kirche. Deshalb muss sie sich auch nach religiösen Maßstäben ausrichten und sich am Christlichen messen lassen. Damit steht sie in einer dauernden Spannung. Dieser Spannungszustand weckt immer neu kritische Fragen und provoziert ethische Prüfungen. Es ist im Blick auf die Caritas immer in einer Doppelstrategie nach dem Humanum und nach dem Christianum zu fragen. Somit ist redliches Nachdenken eingefordert. Von der Ethik, die einerseits human und andererseits christlich ausgerichtet ist, lassen sich Grundpositionen formulieren. Solche Grundpositionen können prägend wirken auf das Leitbild und die Unternehmenskultur in den Institutionen, die der Caritas zugerechnet werden. Aus den geprüften ethischen Grundsätzen, wenn sie nicht nur in den Köpfen, in Reden und auf dem Papier bleiben sollen, ergeben sich praktische Konsequenzen. Die gelten für das Selbstverständnis der Mitarbeiter, d.h. die Organisatoren, die Führungskräfte und die Anwender vor Ort.

1. Caritas nicht konfrontativ bestimmen

Es ist nicht gut, beim Nachdenken über die Caritas konfrontativ zu beginnen. Man sollte nicht mit der Frage einsetzen:

„Was unterscheidet eine christliche oder katholisch-soziale Institution von anderen?" Dann beginnt man mit der Suche nach Abgrenzungen und Entgegensetzungen. Es wird in Konkurrenzen gedacht. Man stellt eine Rangordnung auf: Wer ist besser und wer ist schlechter? Es werden negative Zensuren verteilt, zu beiden Seiten hin. Selbstverständlich kann man oft und aus gutem Grund eine christliche Institution als die bessere werten. Das aber weckt bei den Mitarbeitern oder Leitungsträgern in einem so gelobten Unternehmen nicht selten eine paradoxe Folge. Ihnen fallen die spezifischen Defekte und Defizite ein, unter denen sie intern leiden. Die aber sind in der so gut ausgefallenen Wertung von außen nicht in den Blick gekommen.

Ohne mit Seitenblicken zu beginnen, sollte man den Ausgang bei der Frage nehmen: Was ist das entscheidend Christliche an einer christlichen Institution? An der Caritas? Was ist das Katholische? Was könnte das sein? Damit ist die Frage ein Stück theoretischer gestellt. Man urteilt distanzierter. Die Wahrnehmung wird zunächst nicht durch praktische Vergleiche mit anderen gestört. Auf diesem Weg kann man ruhiger zum Kern der Sache vorstoßen. Dann aber lassen sich einige Grund-Sätze zum christlichen und katholischen Selbstverständnis der organisierten und öffentlich verfassten Hilfe formulieren. Daraus müssten sich das Selbstverständnis und das Selbstgefühl der darin engagierten Frauen und Männer speisen. Es lässt sich dann auch perspektivisch eine Linienführung für die zukünftige Strategie und Gangart planend entwickeln.

2. Kirche und ihre Caritas leben von unten – nicht von oben

Weil die Caritas kirchlich ist, wird in ihr das herrschende Kirchenbild prägend. Beim Nachdenken über das Katholische einer Hilfseinrichtung ist heutzutage ein autoritäres Konzept durch ein Wir-Konzept korrigierend zu ersetzen. Das autoritäre Konzept bestimmte die Tradition der katholischen Kirche. Das wurde übernommen in ihren Institutionen. Aber seit dem

Zweiten Vatikanischen Konzil, also seit 1965, ist theologisch mit höchster Gewissheit klar: Kirche ist das gesamte Volk Gottes unterwegs.[1] „Kirche", das ist nicht die Hierarchie mit Papst, Bischöfen und ihren Behörden, die auftreten als eine besondere Art von Regierung, Gesetzgebung, Kontrollinstanz und Rechtsprechung. Kirche ist keine obrigkeitliche Ordnungsmacht. Die Hierarchie ist ein Teil der Kirche, obwohl viele römische Texte und manche noch herrschende Mentalitäten es anders wollen.[2]

Kirche sind die, die im Namen Christi mit der Bibel auf dem Fundament der Apostel durch die Zeit unterwegs sind. Kirche sind die, die sich gemeinsam bemühen um Glauben und Hoffen und Lieben. Taufe und Glaubensbekenntnis machen aus den Christen gemeinsam die Kirche, in der alle Geistbegabte sind.

Diese Einsicht ist praktisch umzumünzen. Die Frauen und Männer einer karitativen Einrichtung, die Equipe und die Institution, sind lebendig und kompetent die Kirche vor Ort.[3] Das christlich und theologisch korrekte Wissen um die eigene Kompetenz muss übersetzt werden in das Bewusstsein und in das Wirgefühl der Christen in einer katholischen Hilfsinstitution. Die Leiter und Mitarbeiter dort haben sich auf keinen Fall primär zu verstehen, zu fühlen und unterzuordnen als Untergebene der Amts-Kirche.

3. Gemeinschaft bilden – Beistand anbieten

Was man heute gemeinhin als die entscheidenden Elemente von Kirche nennt, das gilt in spezifischer Weise für die organi-

---

[1] R. Bucher, Kirchenbildung in der Moderne, Stuttgart 1998, 217–268; S. Knobloch, Kirche als Volk Gottes. Sakrament in der Welt: Handbuch der Praktischen Theologie Bd. 1, Mainz 1999, 157–166.
[2] W. Beinert, Kirchenbilder und Kirchenvisionen. Variationen über eine Wirklichkeit, Regensburg 1995.
[3] Sekretariat der Deutschen Bischofskonferenz (Hg.), Caritas als Lebensvollzug der Kirche und als verbandliches Engagement in Kirche und Gesellschaft, Bonn 1999 (Die deutschen Bischöfe 64).

sierte Caritas. Die Kompetenzen und Aufgaben der Christen, die sich gemeinsam als Kirche verstehen, sind die folgenden vier: Christen bilden zuallererst eine Gemeinschaft. In der Fachdebatte spricht man von *koinonía*.[4] Zweitens sagt und zeigt diese Gemeinschaft ihren Glauben. Der Terminus hier lautet *martyría*.[5] Drittens feiert sie auf dieser Basis ihre Gottesdienste und Sakramente. Man nennt das *leiturgía*.[6] Viertens wird diese Gemeinschaft nach innen und nach außen aktiv im Beistand für Menschen in Not. Dies ist die *diakonía*.[7] Die erste und die vierte Aufgabe, also Gemeinschaft zu bilden und Menschen Beistand zu bieten, sind von den vier Aspekten die beiden vorrangigen für die Caritas. Von ihnen ist hier zu reden. Erst in den letzten zehn Jahren dämmert es zögernd in der katholischen Welt, dass das fundamentale und vitale unter den hier genannten Elementen die *koinonía ist*, also die Bildung von Gemeinschaft. Bei den Fachgremien der Deutschen Bischofskonferenz findet sich allerdings auch im Jahr 2004 diese Einsicht noch nicht, wenn sie sich über soziale Einrichtungen in katholischer Trägerschaft äußern.[8]

Diese *koinonía*, die Bildung von Gemeinschaft, welche die primäre Aufgabe und der grundsätzliche Weltauftrag von Kirche überhaupt ist, gilt auch als Basiselement für Caritas. Als solches muss sie konsequent in den Blick genommen werden.

---

[4] KOINONIA. „Kirche" als Gemeinschaft bei Paulus, Regensburg 1982; U. Kuhnke, Zur theologischen Rekonstruktion der Identität christlicher Gemeinde, Düsseldorf 1992.

[5] R. Zerfaß, Die kirchlichen Grundvollzüge – im Horizont der Gottesherrschaft: das Handeln in der Welt von heute, hg. von der Konferenz der Bayerischen Pastoraltheologen, München 1994, 32–50.

[6] D. Wiederkehr, Grundvollzüge christlicher Gemeinde. Feiernde Gemeinde (Leiturgia), in: L. Karrer (Hg.), Handbuch der praktischen Gemeindearbeit, Freiburg 1990, 14–38, bes. 28–34.

[7] Siehe Concilium (D) 24/1988, 255–335 (H. 4: Diakonie: Kirche für andere).

[8] Sekretariat der Deutschen Bischofskonferenz (Hg.), Soziale Einrichtungen in katholischer Trägerschaft und wirtschaftliche Aufsicht. Eine Handreichung des Verbandes der Diözesen Deutschlands und der Kommission für caritative Fragen der Deutschen Bischofskonferenz, Bonn 2004 (Arbeitshilfen 182). Der Mangel fällt explizit S. 5 auf.

Der Auftrag, Gemeinschaft zu bilden, heißt nun für die karitativen Organisationen: In ihnen ist zunächst ein Miteinander aktiv zu gestalten. Eine Verzahnung der Dienste, kollegiale Beratung, kollegiale Planung und kollegiale Ausführung haben stattzufinden. Dafür ist eine Durchlässigkeit für Mitdenken, für Ideen und Informationen von unten nach oben wie von oben nach unten herzustellen. In horizontalen und vertikalen Prozessen ist zu leben. Gemeinsam sind die Fragen anzugehen: Was ist jetzt nötig? Was ist hier richtig? Was steht für morgen an? Damit ist Demokratie in der Praxis der Institution angesagt und das Dialogische wird eingefordert.

Dieser auch rein weltlich und neuzeitlich begründbare Aufgabenkatalog besagt noch nicht alles und noch nicht das Entscheidende. Von der *diakonía*, lateinisch übersetzt als Caritas, also dem Beistand für Menschen in Not von der Kirche aus, lässt sich nicht ohne die Vorgaben und ohne die Maßstäbe des Jesus von Nazaret reden. Die Gemeinschaft, in diesem Fall die Helfergemeinschaft, findet sich zusammen, weil sie etwas von diesem Jesus hält.

4. Die Menschlichkeit des Jesus von Nazaret

Zunächst kommt allen Christen ohne Ausnahme der Auftrag zu, die Barmherzigkeit und Hilfsbereitschaft des Jesus von Nazaret in einer *diakonía* weiterzugeben. In den christlichen diakonischen und karitativen Unternehmen wird das zur speziellen Aufgabe und zum Beruf. Von Spezialisten ist eine Praxis der Menschenfreundlichkeit in die Welt zu bringen „um Gottes willen". Das geschieht im Akzeptieren, Erbarmen, Helfen, Heilen, Betreuen, Informieren, Begleiten, Ausrüsten zum Selbststand und schließlich im Mitgehen bis zum Tod.

Die Menschen im Dienst der Caritas unterscheiden sich von anderen Sozialdiensten in Staat und Gesellschaft durch ihren Bezug auf Jesus von Nazaret. Dabei gibt es ein inneres Problem und eine fast dauernd anwesende Hemmung bei dem, der karitativ arbeitet. Was jeder im Dienst der Caritas tut, sei es leitend oder an der Basis mitarbeitend, wird in dieser Welt getan und ist weltlich. In diesem weltlichen Umfeld zeigt man normalerweise seine christliche Motivation und sein religiöses Selbstverständnis als Helfer nicht wie ein T-Shirt in Neonfarben. Man redet nicht permanent davon. Man zeigt auch seine Maßstäbe nicht vor wie etwa den Wachturm. Aber es ist zu bedenken: Was man nie zeigt oder artikuliert, wird von anderen nicht gesehen und nicht gehört. Auch für den christlichen Helfer selbst gilt: Was er oder sie sich selbst nicht wenigstens ab und zu eingesteht und zuspricht, das geht ihr auf die Dauer verloren. Deshalb ist es nötig, sich selbst ab und zu auf die christliche Motivation zu besinnen und sie erneut in seinen Warenkorb zu legen. Auf die anderen Menschen hin können und sollen Motivationen und Maßstäbe in passenden Situationen zumindest durchscheinen oder angedeutet werden.

Zurück zu Jesus von Nazaret. Es ist immer wieder nötig, neu zu sagen: Er war der Bote der Güte Gottes für die Menschen.[9] Diese Aussage ist nötig, weil einseitige andere und sogar verzerrende Aspekte sich in den Vordergrund schieben oder von religiösen Manipulatoren als vorrangig herausgestellt werden. Jesus war kein göttlicher Gesetzgeber. Er war kein Gerichtsbote. Er kam nicht als Informant und Aufdecker himmlischer Geheimnisse. Und er lebte auch nicht primär als Opferlamm für einen zornigen Gott. Vielmehr erzählte und praktizierte er Gottes Menschlichkeit.

Der Terminus Menschlichkeit erscheint zunächst unscharf, vage oder gar abgegriffen. Deshalb übergeht man ihn oft mit einem schnellen Kopfnicken. Um das zu vermeiden, lohnt es sich, so ein etwas konturlos gewordenes Wort ins Fremdwort zu übersetzen. Menschlichkeit heißt dann im Fremdwort: Humanität. Bei diesem Terminus aus der Bildungssprache fängt man an, genauer nachzudenken, was mit Humanität näherhin gemeint ist. Man trifft beim Nachdenken über Humanität auf ein buntes Tableau guter und gut tuender Dinge. Zur „Humanität" gehören: Menschenfreundlichkeit, Menschenliebe,

---

[9] J. Gnilka, Jesus von Nazaret. Botschaft und Geschichte, Freiburg 1990: Die Botschaft von der Herrschaft Gottes 87–165; Jünger, Nachfolge, Lebensstil 166–193.

Edelmut, Liebenswürdigkeit, Mitgefühl, Entgegenkommen, Hilfsbereitschaft, Güte, Gewogenheit, Herzlichkeit, Anteilnahme, Barmherzigkeit, Milde, Großzügigkeit, Freigebigkeit, Selbstlosigkeit, Liebe und anderes mehr. Die Liste weckt Aufmerksamkeit, wenn nicht gar Staunen.

Bei einem so gefüllten Begriff von „Humanismus" sollte man, zur anfänglichen Überraschung mancher Frommen, Jesus einen Humanisten nennen. Der humanistische Jesus hat mehr Ressourcen für die Selbstständigkeit und das Glück aller Menschen beigebracht, als es die Antike oder Renaissance mit ihrem klassischen Humanismus getan haben.[10] Er hatte eben nicht nur die Edlen und Großen im Auge. Wer Jesus als Humanisten erkennt, sieht deutlicher, wie er an die Menschen herangegangen ist. Für ihn galten zugunsten der Bedürftigen das Akzeptieren, Erbarmen, Helfen, Heilen, Betreuen, Informieren, Begleiten und Ausrüsten zum Selbststand. Mit der Inspiration, die von Jesus ausgeht, sollten sich die Christen nach Christus als radikale Humanisten verstehen. Die Menschlichkeit Gottes und Christi kann vor diesem Hintergrund heute in der Caritas als der professionellen Fürsorge, Pflege und Betreuung erfahrbar werden. Die beiden Grundaufgaben der Kirche, *koinonía* als Bildung von Gemeinschaft und *diakonía* als Leistung von Beistand, verzahnen sich so.

5. Offenes Menschenbild

Das christliche Bild vom Menschen ist ein offenes. Zum christlichen Menschenbild gehören unerlässlich die Freiheit,

---

[10] Man sollte allerdings beachten, dass schon Cicero ein sehr gefülltes Verständnis von „Humanitas" artikulierte. In emphatischer Bedeutung verwendet er als Synonyma: Mansuetudo, cultus, doctrina, dignitas, fides, pietas, honestas, iustitia, gravitas, virtus, integritas, lepos, facetia, elegantia, eruditio, urbanitas, hilaritas, festivitas, sapientia, moderatio, modestia, aequitas, magnanimitas, comitas, benignitas, clementia, misericordia, benevolentia, facilitas, mollitudo, liberalitas, munificentia. R. Rieks, Art. Humanitas, in: Historisches Wörterbuch der Philosophie Bd. 3, Darmstadt 1974, 1231 f.

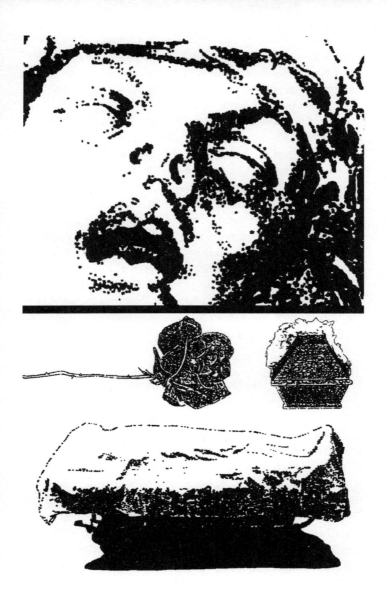

Tote begraben
Collage zu Albrecht Dürer (1471–1528), Kopf des toten Christus, 1503, Kohle, 36 × 21 cm

das Denken, das Gewissen, die Verantwortung und die Entscheidungsmacht für Gut und Böse. Dies ist kein theologisches Konstrukt. So hat das Zweite Vatikanische Konzil 1965 mit höchstrangiger Autorität die Weite und Offenheit der christlichen Existenz artikuliert.

Diese Stichwörter – Freiheit, Denken, Gewissen, Verantwortung und Entscheidung – müssen in den karitativen Institutionen und ihrer Arbeit sorgfältig durchbuchstabiert werden. Offensichtlich hat das auf drei Ebenen zu geschehen. Als Erstes ist die spezifische Sparte und Institution der Caritas, in der man arbeitet, insgesamt kritisch zu befragen. Zweitens sind die Ausrichtungen und Gangarten im eigenen Haus und im eigenen Arbeitsteam zu prüfen. Drittens sind die Ziele zu befragen, die man ideell und konkret für diese Klienten oder Patienten ins Auge fasst. Da kann es schon zu einer heißen Frage werden: Wie ernst wird auf den drei Stufen – der Organisation, des konkreten Arbeitsteams und diesen Klienten gegenüber – etwa das „Gewissen" genommen? Oder die Freiheit? Oder die Verantwortung?

6. Demokratie aus christlicher Sozialethik

Die katholische Soziallehre fordert fast selbstverständlich Demokratie als Lebensform. Das macht sie mit den Stichwörtern: Solidarität, Subsidiarität, Partizipation und Toleranz. Vor diesen Fachtermini sollte sich keiner fürchten. In schlichtem Deutsch ist damit gemeint: ein Miteinander, eine zurückhaltende Hilfe, eine Offenheit zur Mitwirkung und ein Freiraum für ein Anderssein. Dies sind Prinzipien des gesellschaftlichen Lebens, die im Innenraum der Kirche allgemein und in der Arbeit der Caritas speziell anwesend sein müssen.

Miteinander: Das Prinzip der Solidarität macht Ernst damit, dass jeder Mensch auf den Mitmenschen angewiesen ist. Daraus erwächst für den, der Kräfte hat, die Verpflichtung, seine Kräfte in den Dienst des anderen und der Gemeinschaft zu stellen. Einsatz und Hilfe sind gefordert. Solidarität liegt nahe bei der Gerechtigkeit. Sie ist soziale Gerechtigkeit. Der Einzelne soll es aber nicht bei Solidarität als einem gedanklichen Prinzip belassen. Aus Solidarität ist innerlich und psychisch verankert eine lebendige Du-Willigkeit zu entwickeln. Die Du-Willigkeit soll zu einer Haltung und einer Bereitschaft werden. Der karitative Helfer sollte die Du-Willigkeit selbst praktizieren und im Klienten wecken. Den leitenden Frauen und Männern kommt die Aufgabe zu, das Miteinander zu einem Lebensgefühl und zu einem Praxisstil in ihrer Institution zu machen.

Hilfe: Subsidiarität als Prinzip fordert im sozialen Miteinander, dass die Gemeinschaft oder die Obrigkeit nur dann eingreifen, wenn an einer Stelle die Kräfte überfordert sind. Jeder Eingriff hat mit Zurückhaltung zu geschehen. Die Eigenkräfte dürfen nicht erstickt werden. Diese Subsidiarität, als Bereitschaft zur vorsichtigen und temperierten Hilfe, ist im Berufsalltag in einer dauernden inneren Einstellung zu praktizieren. Auf dieser Basis gibt man, mit dem nötigen Schuss Diskretion, die Hilfe zur Selbsthilfe.

Mitwirkung: Partizipation als Prinzip besagt, dass im Umgang miteinander jeder legitim Interessierte denken, fragen und reden darf. Es geht um Mitwissen, Mitdenken und Mitentscheiden. Cliquen- und Interessenwirtschaft wird so ausgeschlossen. Wenn Mitwirkung gestattet wird, gibt es in der Caritas nicht die Abschottung von Macht- und Einflussbereichen. Jeder hat sich psychisch auf ein umfassendes Miteinander als Arbeitsstil einzustellen. Diese Offenheit fordert permanent Sende- und Empfangsbereitschaft sowie Selbstüberprüfung.

Freiraum: Mit „Freiraum geben" sollte man Toleranz übersetzen. Toleranz ist die Haltung, in der man die eigene innere Beunruhigung durch das ärgerliche Anderssein des anderen erträgt. Toleranz lässt Vielfalt zu. Gegenüber Mitarbeitern und Klienten bringt das eine Lockerheit der Gangart. Der andere wird mit Ernst akzeptiert. Wo der Rahmen des zwischenmenschlich und institutionell Erträglichen nicht überschritten wird, lässt man dem anderen seine Besonderheiten. Vor allem gibt es keine Repressalien gegen den unbequemen anderen. Im Gegenteil: Wer mit Toleranz den anderen und das andere ansehen kann, bekommt selbst die Chance zu lernen und vielleicht anders zu werden.

Demokratie als Fazit: Aus diesen Perspektiven ergibt sich, dass das katholische Unternehmen als Organisation und in der Haltung seiner Mitarbeiter entscheidend demokratisch zu sein hat. Das gilt zunächst in Hinsicht auf die Mitarbeiter untereinander. Das gilt aber auch in Hinsicht auf die Klienten, die Betreuten, die Bewohner, die Insassen. Hierarchie und Weisungskompetenz haben ihr Recht. Sie sind aber nur an den Stellen einzusetzen, wo sie unverzichtbar und deshalb hilfreich sind.

7. Korrektheit mit Humanität in der Caritas

In den Unternehmungen der Caritas werden unterschiedliche Aufgaben gebündelt. Nicht selten führt das zu echten Antagonismen. Die selbstverständliche Basis in allem Tun hat zu sein, dass fachliches Können organisiert und angeboten wird. Darüber hinaus gehört es nun zum christlichen Auftrag, in die Arbeitsleistung und Arbeitsatmosphäre zusätzliche Elemente der Menschlichkeit einzubringen, die über Korrektheit um einiges hinausgehen sollten. Dies war oben gefasst unter den Stichwörtern Humanität und Humanismus. Das Miteinander von arbeitstechnischer Korrektheit und christlicher Begegnungswilligkeit erfordert ein erhebliches Maß von psychischer Anstrengung. Die Bündelung kostet Kraft.

Im Bereich der karitativen Arbeiten sollte ein besonderes Augenmerk darauf gelenkt werden, dass die Fachleute, die dort ihren Einsatz leisten, gefährdet sind. Einmal droht eine nicht selten zu beobachtende berufliche Verformung des Charakters – *déformation professionelle* –, die in der Literatur unter dem Stichwort vom „hilflosen Helfer" behandelt worden ist.[11] Zum anderen droht das Ausbrennen – *burning*

---

[11] W. Schmidbauer, Die hilflosen Helfer. Über die seelische Problematik der helfenden Berufe, Reinbek 1977; ders., Helfen als Beruf. Die Ware Nächstenliebe, Reinbek 1983.

out.[12] Soweit zu sehen ist, werden institutionelle Hilfen, um diesen Gefahren zu begegnen, derzeit noch kaum bereitgestellt. Es ist aber auch bekannt, dass Mitarbeiter Angebote zur Supervision nicht akzeptieren. Unternehmungen kirchlicher Prägung müssten sich indes wegen ihrer inneren Zielrichtung dieser Aufgaben und Abwehrhaltungen annehmen, wenn auch damit zu dem Bündel der Aufgaben noch ein weiteres Element hinzukommt.

8. Unkonventionelles zu den Leitungskräften

Sich über die operativen Leitungskräfte in der Caritas christlich-ethische Gedanken zu machen, ist durchaus nicht üblich. Auf dem Hintergrund des bisher vor Augen Gestellten kann man eine ethische Skizze für die Leitungskräfte in caritativ-helfenden Unternehmen versuchen. Es geht nicht um moralische Tugend- und Lasterkataloge. Die Konturen eines Selbstverständnisses und des Umgangs der Chefs auf den verschiedenen Ebenen mit sich selbst können umschrieben werden. Die Orientierung und Stabilisierung ihres Selbstbewusstseins könnte ein begrüßenswerter Nebeneffekt sein. Gäbe es nur ein unreflektiertes oder unorientiertes Selbstbewusstsein der Weisungsgeber, dann müssten die Mitarbeiter darunter leiden.

Ein Chef oder eine Chefin sollte ein solides *Wissen* um die eigenen persönlichen Ideale haben. Er und sie sollten wissen, was sie wollen und was die gegebenen Möglichkeiten vor Ort zulassen. Aus dem Wissen kann sich ein *Selbstbewusstsein* aufbauen. Aus dem wird an die eigene Adresse formuliert: Ich weiß was! Ich kann was! Ich will was! Ich bin wer! Auf diesem inneren Selbstbewusstsein kann nach außen eine *Selbstständigkeit* in der horizontalen und vertikalen Praxis entwickelt werden. Mann und Frau sind sich bewusst und sagen, was sie anstreben und was sie abwehren.

---

[12] J. Fengler, Helfen macht müde. Zur Analyse und Bewältigung von Burnout und beruflicher Deformation, Stuttgart 2001.

Ihre Instrumente für die Gestaltung der täglichen Praxis sind dann: Denken, Gewissen und Verantwortung. Im *Denken* sollen an erster Stelle produktiv und mit Phantasie die Praxis entworfen und die Initiativen gestartet werden. An zweiter Stelle hat neben dem produktiven das kritische Denken seinen Platz. Das kann und muss bisweilen auch zum Protest führen: So nicht! Nicht weiter so wie bisher! Mit mir nicht!

Mit dem *Gewissen* sind die eigenen Ideale im Visier zu behalten. Im Blick auf die eigenen Ideale sagt dann die leise Stimme des Gewissens innen: Tu das, weil das gut ist! Lass das, weil das schlecht ist! Mit seinem Gewissen steht jeder vor den Werten dieses Lebens. Aber letztlich steht er als Christ vor seinem Gott mit der Frage: Wie beurteilst DU das? Und jeder steht vor dem Humanisten Christus mit der Frage: Passt das zu DEINEN Vorgaben?

Wer in dieser Weise arbeitet und mit Menschen umgeht, übernimmt *Verantwortung*. Ver-Antworten meint das Antwort-Geben für sein Tun, wenn sinnvoll gefragt wird. In Verantwortung legt man Begründungen für seine Ideale und seine Gangarten vor. Man bringt seine Werte, seine Motive und seine Abzielungen ins Wort. Dies sind die Bausteine für Partnerschaft auf Chefpositionen. Die Bereitschaft zur Verantwortung macht den Boss zum kooperativen Chef. Er lebt den Dialog sachlich, planerisch für die Organisation und für seine Mitarbeiter psychisch orientierend. Wo es dann nötig wird, weiß ein Chef in Verantwortung auch, Unpassendes mit einem begründeten Machtwort zu beenden.

9. Christliche Motivation ist kein Selbstläufer

Es gibt bekanntlich in der katholischen Kirche Deutschlands eine „Grundordnung des kirchlichen Dienstes im Rahmen kirchlicher Arbeitsverhältnisse" von 1993[13]. Der Artikel neun

---

[13] Sekretariat der Deutschen Bischofskonferenz (Hg.), Grundordnung des kirchlichen Dienstes im Rahmen kirchlicher Arbeitsverhältnisse, Bonn 1993 (Die deutschen Bischöfe 51).

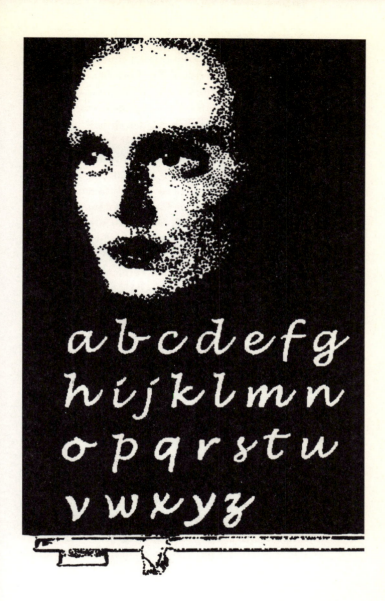

Unwissende lehren
*Collage zu Han van Meegeren (1889–1947), Christus und die Schrift-
gelehrten im Tempel, 1945, 155 × 201 cm*

schreibt das Recht der Mitarbeiter auf berufliche Fort- und Weiterbildung fest. Es ist nur vom Anspruch der Mitarbeiterinnen und Mitarbeiter auf berufliche Fort- und Weiterbildung die Rede. Von einer Pflicht der Institutionen, dies den Mitarbeitern anzubieten, findet sich erstaunlicherweise nichts im Text. Von Hilfe zur menschlichen oder christlichen Motivation ist nicht die Rede. Ist sie nicht der Rede wert? Gilt da, was ein Arzt als seine Erfahrung in einer Universitätsklinik in der Zeitschrift für medizinische Ethik festhält: Jeder hat, bitte schön, seine Motivation von zu Hause mitzubringen!?[14]

Fortbildung für Mitarbeiter der Caritas im Humanum und Christianum zu organisieren, heißt Neuland zu betreten. Die Caritas im Bistum Essen hat dies unternommen und dabei Erfahrungen von Licht und Schatten gemacht. Die Schwierigkeiten bei den Adressaten zeigen sich vergleichbar den Problemen in der ärztlichen Fortbildung. Die Zahlen der Ärztekammern weisen aus, dass das Interesse der Hörer bei ethischen Angeboten um zwei Drittel niedriger liegt als das Interesse an Fachthemen. Die Schwierigkeiten bei den Institutionen liegen darin, dass Fortbildung Geld kostet und die Mitarbeiter für die Kurse freigestellt werden müssen. Beides fällt schnell unter die Rubrik Systemstörung.

10. Moraltheologisches zu den Anforderungen der Grundordnung

Die angesprochene Grundordnung des kirchlichen Dienstes im Rahmen kirchlicher Arbeitsverhältnisse ist als Instrument zur juristischen Klärung konzipiert. Nicht-Juristen fällt darin der Gestus der Abwehr auf. Weil kirchliches Recht, zumal auch wenn es Einfluss auf das Arbeitsrecht ausübt, christlich

---

[14] G. Jonitz, Zur Situation der Krankenhausärzte in Deutschland, in: Zeitschrift für medizinische Ethik 44/1998, 221–226; siehe M. Honecker, Kommentar zu Günter Jonitz „Zur Situation der Krankenhausärzte in Deutschland", ebd. 249–251.

und theologisch richtig sein soll, weckt die vorgelegte Konzeption einige ethische Nachfragen. Drei Elemente sind hier kommentierend anzusprechen.

Es heißt in der Grundordnung 4 (1):
„Von den *katholischen Mitarbeiterinnen und Mitarbeitern* wird erwartet, dass sie die Grundsätze der katholischen Glaubens- und Sittenlehre anerkennen und beachten – (In pastoralem, erzieherischem und leitendem Dienst, H. K.) ist das persönliche Lebenszeugnis ... erforderlich."

Die Anwendung dieses Textes sollte nur mit hoher Behutsamkeit vor sich gehen. Der Grund ist, dass die Moraltheologie eine erhebliche Bandbreite in den Fragen der katholischen Glaubens- und Sittenlehre feststellt. In diesem Bereich bestehen in der katholischen Kirche sowohl grundlegende Differenzen als auch in Einzelfragen starke Abweichungen. Es gibt Spannungen und Widersprüche zwischen Dokumenten des Konzils, Enzykliken des Papstes, dem Römischen Katechismus und dem Deutschen Katechismus, den Beschlüssen der Bischofskonferenz, den Schreiben einzelner Bischöfe und schließlich den Argumentationen von Moraltheologen. Die theologische Literatur weist moralische Binnenkonflikte in der als so monolithisch dargestellten Kirche der Gegenwart aus. Bei dieser Streulage werden Streitfälle um den Glauben und das sittliche Leben eines Mitarbeiters nicht ohne Fachgutachten zu klären sein.

Es heißt in der Grundordnung 4 (2):
„Von *nichtkatholischen christlichen Mitarbeiterinnen und Mitarbeitern* wird erwartet, dass sie die Wahrheiten und Werte des Evangeliums achten und dazu beitragen, sie in der Einrichtung zur Geltung zu bringen."

Wenn von „Wahrheiten und Werten des Evangeliums" gesprochen wird, wird der Eindruck von Listen und Katalogen wachgerufen. Im Wichtigen bringt die Bibel aber kein Vielerlei, insistiert sie nicht auf diversen Einzelheiten. Jesus vereinfacht und macht geradlinig. Nach ihm „hängt das ganze Gesetz samt den Propheten" am Doppelgebot der Gottes- und

Nächstenliebe (Mt 22,40). Selbst die Bergpredigt, in der es nach Vielfalt aussieht, wird total einfach in der Goldenen Regel zusammengefasst: „Alles, was ihr von anderen erwartet, das tut auch ihr ihnen!" (Mt 7,12). Nach Paulus ist die Vielfalt der sittlichen Vorschriften ebenfalls ganz kompakt in der Liebe zusammengefasst, so lautet die überraschende Auskunft von Röm 13,8–10. Ein Mensch, der an der biblischen Liebe orientiert ist, selbst wenn die sonntäglich-kirchliche Praxis nicht die seine ist, passt als Mitarbeiter in den katholischen karitativen Dienst.

Es heißt in der Grundordnung 4 (3):

„Nichtchristliche Mitarbeiterinnen und Mitarbeiter müssen bereit sein, die ihnen in einer kirchlichen Einrichtung zu übertragenden Aufgaben im Sinne der Kirche zu erfüllen."

Es wäre besser zu sagen, die nichtchristlichen Mitarbeiter sollten die europäischen Werte von Menschenwürde und Humanität bejahen. Die Werte sind aus dem Christentum erwachsen. Eine Muslimin oder ein Hindu sollte nicht „im Sinne der Kirche" verpflichtet werden. Auf eine kirchliche Gesinnung, an die man bei dieser Formulierung schnell denkt, was immer man sich darunter vorstellen will, dürfen sie nicht verpflichtet werden. Dabei drohte unnötige religiöse Vereinnahmung. Die europäische Wertung der Menschenwürde reicht aus. Bei katholischen Insidern darf zum Stichwort „kirchlich" auch wieder einmal selbstkritisch gesagt werden, dass das real Kirchliche und das grundlegende Christliche nicht immer deckungsgleich sind.

11. Schwierigkeiten im Haus

Die christliche Humanität der Caritas hat zunächst im eigenen System zu greifen. Mit Schwierigkeiten der Mitarbeiter und schwierigen Mitarbeitern sollte man human, taktvoll und fürsorgend umgehen. Das gehört derzeit noch nicht zu den Selbstverständlichkeiten.

Auch unter christlichen Dächern gibt es Spannungen im

Miteinander. Wann ist Schluss mit Nachsicht? Wann darf oder muss ein Schnitt gemacht werden? Wenn man die Bibel bemüht, wird man zur Vorsicht gemahnt. Schon da gibt es ein nicht aufgelöstes Dilemma. Die radikale Forderung Jesu wird schon in der Gemeinde, die im Matthäusevangelium zur Sprache kommt, nicht umgesetzt. Jesus selbst verlangt nämlich, immer Nachsicht walten zu lassen. Das zeigt sich in der Antwort an Petrus. Petrus fragte: „Herr, wie oft muss ich meinem Bruder vergeben, wenn er sich gegen mich versündigt? Siebenmal?" Jesus sagte zu ihm: „Nicht siebenmal, sondern siebenundsiebzigmal" (Mt 18,21f.). Das heißt in heutigem Deutsch: immer und überall.

Die Gemeinde hatte sich aber um das Jahr 70 n. Chr. schon eine andere Praxis zugelegt, trotz dieses Herrenwortes. Matthäus schreibt die abweichende Praxis neben das Herrenwort. Die Gemeinde wendet nämlich eine gestufte Praxis der Distanzierung an. Es gibt zuerst Zurechtweisungen unter vier Augen. Auf der zweiten Stufe erfolgt eine Rüge vor einem oder zwei Zeugen. Als Nächstes gibt es eine Anprangerung vor der Öffentlichkeit der Gemeinde. Wenn all das nicht fruchtet, erfolgen der Schnitt und die Trennung. Es gibt den Abbruch der Beziehungen wie gegenüber den Heiden oder Zöllnern (Mt 18,15–20). Man will sich nicht durch den Umgang mit ihnen unrein machen. Das Evangelium ist ehrlich. Es unterschlägt weder das radikale Herrenwort noch die Abweichung davon in der später geltenden gestuften juristischen Praxis.

Das Unwohlsein des Matthäus sollte auch gegenwärtig wach bleiben. Aber ohne eine ähnliche juristische Klarheit wie damals in der Gemeinde, das heißt auch ohne gerechte Trennungen, wird es in einer karitativen Unternehmung nicht gehen. Die Provokation Jesu mit seiner Forderung nach Nachsicht – wohl nicht eine Einladung zur Schlamperei – besteht aber weiter. Trennung als letztes Mittel gibt es. Sie muss aber menschlich und christlich sein. Vorstellungen von tabu und unrein dürfen nicht aufkommen.

Zum Abschluss: Das Christentum ist im ersten Jahrhundert dadurch aufgefallen, dass es in provokanter Weise Innovationen auf dem Feld der Mitmenschlichkeit nach Europa gebracht hat.[15] Es drang mit Kontrasten in das antike Rom ein. Karitative Unternehmungen können auch im 21. Jahrhundert auffallen. Das tun sie, wenn sie christlich inspirierte Mitmenschlichkeit aktivieren, praktizieren und einfordern. Der Wille zum Kontrast darf oder sollte sogar auch heute anwesend sein.

---

[15] E. Dassmann, Christliche Innovationen am Beginn der Kirchengeschichte, in: Stimmen der Zeit, 124/1999, 435–446 (Lit.).

Zweifelnde beraten
Collage zu Gerrit van Honthorst (1590–1656), Der ungläubige Thomas

Günter Riße

Caritas und Diakon/Diakonat

Mitsorge für den diakonischen
Grundauftrag der Kirche

1. Zeugnisse aus Schrift und Tradition

Im Kontext der Aussagen und Überlegungen zur Caritas der Kirche und zum Auftrag des Diakons im Ständigen Diakonat ist nicht nachzudenken, ohne dass die Diakonia, die geradezu die Wesensbestimmung des Diakons ist, mitbedacht wird[1]. Schon in den Schriften des Neuen Testaments, in der Apostelgeschichte (Apg 6,1–6) und den Briefen des Apostels Paulus (Phil 1,1; 1 Tim 3,8–12), zeigt sich, dass das Leben in der Gemeinschaft der jungen christlichen Kirche durch verschiedene Dienste organisiert war. Das Amt in den Gemeinden, so der biblische Befund, ist Dienst, Dienst am Wort und Liebesdienst an die um den Tisch versammelte Gemeinde. In diese Aufgabengebiete hinein kommt es zum Werden des Amtes des Diakons und zur Ausgestaltung des Diakonats.

Auch wenn es bis heute schwierig ist, aus dem biblischen Befund ein klares Bild über alle ausgeübten Tätigkeiten des Diakons zu zeichnen, kann man doch davon ausgehen, dass es den Diakonen – in Abhängigkeit und unter Verantwortung und Aufsicht des Bischofs – zukommt, vornehmlich Sorge zu tragen für die jesuanische Liebestätigkeit als den diakonischen Grundauftrag der Gemeinde. Für die apostolische Zeit ist letztlich festzuhalten, dass es von Anfang an der Christen-

---

[1] Ulrich Brisch, Diakonat und Caritas. – Aussagen und Überlegungen zur Caritas der Kirche und zum Auftrag des Ständigen Diakons, in: Josef Plöger/Hermann Weber, Der Diakon. Wiederentdeckung und Erneuerung seines Dienstes, Freiburg u. a. 1980, 222–230.

tumsgeschichte zwischen dem Amt des Diakons und der Caritas der Kirche eine tiefgehende, enge Verbindung gibt.

In der nachapostolischen Zeit, in der sich schon alsbald das dreigliederige Amt von Bischof, Priester und Diakon ausformt, kommt es in der Verhältnisbestimmung der Ämter zu- und untereinander zu einer Zuordnung des Diakons als unmittelbarer Mitarbeiter des Bischofs für den täglichen Hilfs- und Liebesdienst. Über den liturgischen Dienst hinaus wird in den frühchristlichen Quellen, vor allem in den überlieferten Weihegebeten, immer wieder betont, dass der Diakon an der Seite des Bischofs steht, bestellt zum Dienst in der Kirche als Garant dafür, „dass die Armen in christlicher Gemeinde nie beschämt wurden"[2]. Eindrucksvoll beschreibt dies die „Didascalia" aus der ersten Hälfte des dritten Jahrhunderts, wo es im 11. Kapitel heißt, dass Bischof und Diakon eines Sinnes sein sollen wie „Vater und Sohn". Der Diakon ist dann das „Gehör des Bischofs, sein Mund, sein Herz und seine Seele".

Dem Diakon kommt es maßgeblich zu, dass er im Auftrag des Bischofs Verantwortung für die Verteilung der Gaben an Arme und Kranke übernimmt; er müht sich um die Trauern-

---

[2] O. Fuchs, Wer ist der Diakon? Seine Berufung, seine lokalen, überregionalen und globalen Aufgaben, in: Dokumentation. Arbeitsgemeinschaft Ständiger Diakonat, Würzburg 2001, 49. Vgl. auch E. Dassmann, Ämter und Dienste in den frühchristlichen Gemeinden, Bonn 1994; B. Domagalski, Der Diakon – „Sinnbild der ganzen Kirche", in: Lebendiges Zeugnis 50 (1995), 15–24. Weitere Literatur: A. Weiß, Der Ständige Diakon. Würzburg 1971; K. Lehmann, „In allem wie das Auge der Kirche". 25 Jahre Ständiger Diakonat in Deutschland – Versuch einer Zwischenbilanz, in: Dokumentation 10 (hg. von der Arbeitsgemeinschaft Ständiger Diakonat in der Bundesrepublik Deutschland), Holzkirchen 1993; W. Kasper, Der Diakon in ekklesiologischer Sicht angesichts der gegenwärtigen Herausforderungen in Kirche und Gesellschaft, in: Diaconia Christi (3/4 1997); G. Greshake u.a., Art. Diakonat, in: LThK, 3. Aufl. 178–184; G. L. Müller (Hg.), Der Empfänger des Weihesakramentes. Quellen zur Lehre und Praxis der Kirche, nur Männern das Weihesakrament zu spenden, Würzburg 1999; ders., Priestertum und Diakonat. Der Empfänger des Weihesakramentes in schöpfungstheologischer und christologischer Perspektive (Reihe: Sammlung Horizonte, Neue Folge, Bd. 33), Freiburg 2000.

den, vor allem die hinterbliebenen Witwen und Waisen, er erspürt – in seiner ihm eigenen Sensibilität – all die Nöte und Sorgen in der Gemeinde und zeigt sie dem Bischof an. Dieser amtliche Dienst des Diakons in der Vermittlung des durch Christus gewirkten Heils weist alle Christgläubigen hin auf den Einsatz in der allen aufgetragenen Nächsten- und Gottesliebe.

Im „Testamentum Domini", einer syrischen Kirchenordnung aus dem fünften Jahrhundert, wird der Dienst und die Spiritualität des Diakons ausführlich beschrieben. Rückgebunden wird das Tun des Diakons – als „Sinnbild der ganzen Kirche" – nicht funktionalistisch von den vielfältigen Aufgaben her, sondern im Sakrament der Weihe, das den Diakonen ein unauslöschliches Merkmal einprägt, das sie in besonderer Weise Christus gleichgestaltet, der selbst zum „Diakon", das heißt zum Diener aller, geworden ist. Im Dienst der Sendung Christi gesandt, sorgt sich der Diakon in enger Verbundenheit mit dem Bischof um die Armen und Fremden, er gewährt Hilfe den Unterdrückten und steht mit Rat und Tat all denen zur Seite, die ihn aufsuchen und ansprechen. Die Büßer begleitet der Diakon in der Umkehr, den Sterbenden steht er bei; er sorgt für die Bestattung der Toten, sorgt sich um den geregelten Ablauf des Gottesdienstes und motiviert die Gemeinde, Not zu sehen und zu lindern.

Der Diakon soll, so die syrische Kirchenordnung prägnant, in allen gemeindlichen Lebensvollzügen wie das Auge der Kirche sein. Dieser Wunsch der frühen Kirche erfüllte sich in den kommenden Jahrhunderten nicht. Der Diakonat als eigenständiges Amt verkümmerte mehr und mehr und wurde ein Durchgangsdiakonat auf die Priesterweihe hin. Aber auch in der Zeit dieses Übergangsdiakonats wusste die Kirche stets, was sie tat, wenn sie die Diakonenweihe spendete.

2. Schritte zur Erneuerung des Ständigen Diakonats

Ein erster Versuch, den Diakonat zu erneuern und ihm seine ursprüngliche Gestalt zurückzugeben, zeigte sich im 16. Jahrhundert auf dem Konzil von Trient. Leider blieb es bei diesem Versuch; die politischen und kirchlichen Auseinandersetzungen in der Reformationszeit ließen es nicht zu, die angedachte Reform des Diakonats zu füllen und zum Abschluss zu bringen. Noch einmal dreihundert Jahre mussten überbrückt werden, bis die Wiedererneuerung des frühkirchlichen Amtes des Ständigen Diakonats wieder aufkeimte. In Deutschland setzte sich der Frankfurter Arzt und Schriftsteller J. K. Passavant in einem Brief vom 20. April 1840 an seinen Freund Melchior von Diepenbrock, den späteren Kardinal und Fürstbischof von Breslau, für den verheirateten Diakon als Bindeglied zwischen Priester- und Laienstand ein. Ende des 19. Jahrhunderts, im Umfeld der sozialen Frage, gab es betreffend des Diakonats weiterführende Überlegungen in Frankreich durch Dom A. Gréa, der – in seinem 1885 publizierten Werk „De l'Église et de sa divine Constitution" – „nach einer Darlegung der Theologie des Diakonates aufgrund der patristischen Tradition eine Wiederherstellung des Weihediakonates mit betont caritativem Charakter (im Geist des hl. Vinzenz von Paul) anregte"[3].

In Folge mehrten sich die Stimmen der Erneuerung des Diakonates. 1912, zu Beginn des 20. Jahrhunderts, wies in Italien Virginio Marchese darauf hin, „wie nützlich es wäre, ständige Diakone mit weltlichen, administrativen, organisatorischen und sozialen Aufgaben zu betreuen"[4]. 1934 publizierte der Freiburger Caritasdirektor G. von Mann in der Zeitschrift „Caritas" einen Aufsatz zum Thema „Der Caritasdirektor und seine Erneuerung", worin er darüber nachdenkt, „den Diakonat als Vorstufe zum Priestertum in ein Caritas-Diakonat

---

[3] J. Hornef, Vom Werden und Wachsen des Anliegens, in: K. Rahner/ H. Vorgrimler (Hg.), Diaconia in Christo. Über die Erneuerung des Diakonates (Reihe: Quaestiones Disputatae, Bde. 15/16), Freiburg 1962, 344.

[4] Vgl. A. Marranzini, Die Erneuerung des Diakonates und das Problem der Priesterberufe in Italien, in: K. Rahner/H. Vorgrimler (Hg.), Diaconia in Christo. Über die Erneuerung des Diakonates (Reihe: Quaestiones Disputatae, Bde. 15/16), Freiburg 1962, 448.

auszugestalten"⁵. Zwei Jahre später, 1936, erscheint in der gleichen Zeitschrift eine Abhandlung „Diakonie der Liebe" von Hanns Schütz aus Koblenz, der die Frage der Erneuerung des Diakonats in den Bereich der Gemeindekatechese, konkret der Jugendarbeit, fortschreibt. Ähnliche Vorstellungen finden sich ein paar Jahre später (1939) in dem „Entwurf einer Altenberger Pastoral" von L. Wolker, der „allerdings den Akzent auf die Verkündigung legte: ‚Der Dienst am Wort, an der Verkündigung der Wahrheit, ist der höchste Dienst des Diakonats'."⁶

Die Schrecken des Zweiten Weltkrieges unterbricht und unterbindet die in diesen Jahren angedachte Entwicklung nicht. Im Konzentrationslager Dachau, im Priesterblock, kommt es in den dort abgehaltenen theologischen Diskursen der inhaftierten Priester – unter ihnen entscheidend Pater Otto Pies SJ und Vikar Wilhelm Schamoni – zu einem Gedankenaustausch über eine etwaige Erneuerung des Diakonats für verheiratete Männer, die, aufgrund ihrer Lebenserfahrung in Ehe, Familie und Beruf und ausgestattet mit dem notwendigen theologischen Rüstzeug, den Priestern in der Pfarrseelsorge tatkräftige Helfer sein sollen in den Grundvollzügen *diakonia, leiturgia und martyria*.

Unmittelbar in den Jahren vor dem II. Vatikanischen Konzil sind es vor allem die Dozenten und Präsidenten des Caritasverbandes, die, indem sie sich mit den in diesen Jahren gegründeten Diakonatsbewegungen identifizieren, zu Befürwortern einer baldigen Erneuerung des Diakonats werden. Die Befürworter wie auch die Initiatoren der Diakonatskreise – in Erinnerung seien stellvertretend genannt: Josef Hornef (Fulda), Hannes Kramer (Freiburg), Josef Völker und Gottfried Custodis (Köln) sowie der „Vater der Diakone", Weihbischof Augustinus Frotz[7] – sind zutiefst davon überzeugt, dass die

---

[5] J. Hornef, a.a.O., 345.

[6] H. Weber, Diakon – Diakonat – Diakonia: Zur Wesenbestimmung des Diakonenamtes, in: Lebendiges Zeugnis 50 (1995), 70.

[7] Vgl. N. Trippen, Die Erneuerung des Ständigen Diakonats im Gefolge des II. Vatikanischen Konzils, in: Josef Plöger/Hermann Weber,

Diakone zum „geistlichen Quellgrund im Liebes- und Nächstendienst der Kirche werden". Bei allem Engagement im Einsatz für den Ständigen Diakonat stand im Vorfeld des Konzils eine systematische Erfassung und wissenschaftliche Durchdringung der theologischen, historischen, kirchenrechtlichen und pastoralen Probleme noch aus. Dieses Defizit aber wurde 1962 mit dem von Karl Rahner und Herbert Vorgrimler herausgegebenen Sammelband und Grundlagenwerk „Diaconia in Christo. Über die Erneuerung des Diakonates", an dem zahlreiche international anerkannte Fachwissenschaftler beteiligt waren, eingelöst und behoben. Sicher hat dieses Werk einen entscheidenden Anteil daran gehabt, dass die Konzilsväter ein positives Votum zur Wiedereinführung des Diakonats als „eigene und beständige hierarchische" Stufe in der Kirchenkonstitution „Lumen gentium" geben konnten. Bei der ersten Diakonenweihe am 28. April 1968 im Kölner Dom bezeichnete Josef Kardinal Frings in seiner Predigt das innerste Wesen des Diakonats als ein dem dienenden Christus Ähnlichwerden. Im Geist der Dienstbarkeit ist der Diakon – von Gott für die Menschen bestellt – aufgerufen und gesandt, die „diaconia Christi" in der Gemeinde, im Volk Gottes zu verlebendigen.

3. Wesensbestimmung des Diakons: Dienen in der Liebe Christi

Zur Wesensbestimmung des Diakons führt die Kirchenkonstitution „Lumen gentium" aus: „Denn mit sakramentaler Gnade gestärkt dienen sie dem Volk Gottes in der Diakonie der Liturgie, des Wortes und der Liebe in Gemeinschaft mit dem Bischof und seinem Presbyterium" (LG 29). An dieser Grundäußerung hat sich bis heute nichts geändert, sie ist sogar noch vertieft worden durch die am 22. Februar 1998 erschienenen „Grundnormen für die Ausbildung der Ständigen Diakone"

Der Diakon. Wiederentdeckung und Erneuerung seines Dienstes, Freiburg u. a. 1980, 83–103.

(= Ratio fundamentalis) und das „Direktorium für den Dienst und das Leben der Ständigen Diakone". Verantwortlich für die Herausgabe zeichnen die vatikanische „Kongregation für das katholische Bildungswesen" und die „Kongregation für den Klerus".[8]

Zur spezifisch theologischen Identität des Diakons wird im 5. Artikel der Grundnormen ausgeführt: „Als Teilhaber an dem einzigen kirchlichen Dienstamt ist er in der Kirche ein besonderes sakramentales Zeichen Christi, des Dieners. Seine Aufgabe ist es, ‚Deuter der Nöte und der Bedürfnisse der christlichen Gemeinschaften' zu sein, sowie ‚Anreger zum Dienst, d.h. *zur diakonia*', die ein wesentlicher Teil der Sendung der Kirche ist."[9] Und im 7. Artikel, der über den Weihecharakter des Diakons handelt, heißt es: „Was die Diakone anbetrifft, so schenkt die sakramentale Gnade ihnen die nötige Kraft, dem Volke Gottes in der diaconia der Liturgie, des Wortes und der Liebe zu dienen, in Verbindung mit dem Bischof und seinem Presbyterium."[10] Damit wird vom Dienst des Diakons gesagt, dass dieser „durch die Ausübung der drei dem geweihten Dienstamt eigenen munera gekennzeichnet (ist), und zwar in der spezifischen Perspektive der diaconia"[11]. Was nun den unterschiedlichen Dienst des Diakons in den verschiedenen pastoralen Bereichen angeht, ist der Aufgabenkatalog klar umrissen und wird in den lehramtlichen Texten der Grundnormen wie des Direktoriums die gelegentlich in den theologischen Debatten geäußerte Vorstellung des Diakons als „kirchlicher Sozialarbeiter" ummissverständlich zurückgewiesen.

„Bezüglich des munus docendi ist der Diakon berufen, die Hl. Schrift zu verkünden und das Volk zu unterweisen und zu

---

[8] Sekretariat der Deutschen Bischofskonferenz (Hg.), Kongregation für das katholische Bildungswesen/Kongregation für den Klerus, Grundnormen für die Ausbildung der Ständigen Diakone – Direktorium für den Dienst und das Leben der Ständigen Diakone (Reihe: Verlautbarungen des Apostolischen Stuhls, Bd. 132), Bonn 1998.
[9] Ebd., Art. 5.
[10] Ebd., Art. 7.
[11] Ebd., Art. 9.

Trauernde trösten
Collage zu Matthias Grünewald (1480 [?] – 1532 [?]), Grablegung Christi, Isenheimer Altar, 1512–1516

ermahnen. (...) Das munus sanctificandi des Diakons äußert sich im Gebet, in der feierlichen Spendung der Taufe, in der Ausbewahrung und Austeilung der Eucharistie, in der Assistenz und Segnung bei Trauungen, in der Leitung der Trauer und Begräbnisfeiern sowie in der Verwaltung der Sakramentalien. Dies macht deutlich, wie sehr der Dienst des Diakons in der Eucharistie seinen Ausgangs- und Zielpunkt hat und sich nicht in einer einfachen sozialen Dienstleistung erschöpfen darf. Das munus regendi schließlich vollzieht sich im Einsatz für die Werke der Nächstenliebe und der Hilfestellung sowie in der Belebung von Gemeinden oder Bereichen des kirchlichen Lebens, besonders im Hinblick auf die Nächstenliebe. Es ist dies der Dienst, der am ausgeprägtesten den Diakon kennzeichnet.

Die Grundzüge des ursprünglichen Dienstcharakters sind als sehr genau umschrieben, wie aus der alten Praxis des Diakonats und aus den Vorgaben der Konzilien klar ersichtlich ist. Wenn dieser ursprüngliche Dienstcharakter auch ein einziger ist, so gibt es doch verschiedene konkrete Formen seiner Ausübung, die sich von Mal zu Mal aus den unterschiedlichen pastoralen Gegebenheiten der einzelnen Kirchen ergeben. Bei der Festlegung des Ausbildungsweges darf man diese keinesfalls unberücksichtigt lassen."[12]

4. Zur diakonischen Ausbildung

Von dem dreifachen Zeugnis für den Glauben und die Wahrheit des Christentums nahm die Diakonia in der Ausbildung der Ständigen Diakone von Anfang einen hervorragenden Platz ein, auch wenn die Akzente in den einzelnen Bistümern Deutschlands in der Anfangsphase des Ausbildungscurriculums verschieden ausgeprägt waren. Nach über dreißig Jahren Ausbildungserfahrung in der theologischen und pastoralpraktischen Ausbildung der Ständigen Diakone haben sich Ausbildungsmindeststandards entwickelt, die heute eine fun-

---

[12] Ebd., Art. 9 und 10.

dierte theologische und diakonische Grundausbildung gewährleisten. Daran hat die organisierte Caritas auf nationaler Ebene und in den Diözesancaritasverbänden einen nicht unerheblichen Anteil.

Beispielhaft sei hier die Ausbildung am Erzbischöflichen Diakoneninstitut, Köln, das für die Ausbildung der Ständigen Diakone für das Erzbistum Köln und das Bistum Essen verantwortlich zeichnet, angeführt.[13] So gehört zum Fächerkanon im ersten Ausbildungsabschnitt vor der Diakonenweihe das Fach „Caritaswissenschaften". In Vorlesung und Seminar wird als Studienziel angestrebt, dass die angehenden Ständigen Diakone die Caritas als eine grundlegende Wesensäußerung diakonischer Kirche erfahren und die geistliche Begleitung der in der Caritas Tätigen als eine genuine Aufgabe des Diakons sehen. Die Studieninhalte vermitteln auf dieses Ziel hin: Caritas, ihre exegetischen, historischen und ekklesiologischen Aspekte; der Sozialstaat und die Wohlfahrtspflege; Aufweis der unterschiedlichen Zielgruppen der Caritas und die damit einhergehenden Problemstellungen; das Verständnis von lebenswertorientierter Sozialarbeit und kooperativer Pastoral; Grundkenntnisse der Verbände, Dienste und Einrichtungen der Caritas; Leitbilder und Qualitätsmanagement.

Der Unterrichtsstoff im Fach Caritaswissenschaften wird dann ausgebaut und vertieft in der Praxisbegleitung im Pastoralkurs im Unterrichtsteil „Caritative Diakonie". Studienziel in diesem Ausbildungsabschnitt vor und nach der Diakonenweihe ist vor allem die Wahrnehmung und Verantwortung der Diakonanden und Diakone, dass sie sich selbst ihres diakonischen Selbststandes immer mehr bewusst werden, wie auch die Gemeinden, in denen sie als Diakone, ob nun mit Zivilberuf oder im Hauptberuf, tätig sind oder werden, ihren diakonischen Auftrag tiefer erkennen lassen.

---

[13] Dr. Martin Patzek sei an dieser Stelle für seinen engagierten Dienst in der Ausbildung der Ständigen Diakone herzlich Dank gesagt. Gemeinsam mit Dr. Thomas Möltgen vom Diözesan-Caritasverband Köln hat Martin Patzek die im Text ausgeführten Studieninhalte und Studienziele im Fach „Caritaswissenschaften und Caritative Diakonie" am Erzbischöflichen Diakoneninstitut, Köln, formuliert.

Das zu erreichen, dazu trägt in besonderer Weise eine Wissensvertiefung und Wissenserweiterung der bereits gelehrten theologischen Studieninhalte im Fach „Caritaswissenschaften" bei. Folgende inhaltliche Schwerpunkte stehen nun auf dem Lehrplan: die entscheidenden Grunddaten der Geschichte der Caritas der Kirche; die Zuordnung der verbandlichen Caritas zur verfassten Kirche; die Entstehung der organisierten Caritas in Deutschland; der Caritasverband und die freie Wohlfahrtspflege; die Vielfalt der Dienste des örtlichen Caritasverbandes. Die Pastoralen Bezüge legen ihr Augenmerk vor allem auf: die Darstellung der Zusammenhänge von Pastoral und Caritas; das Erkennen von Nöten und Sorgen im pfarrgemeindlichen Raum; die Erarbeitung von Lösungsansätzen im Kontext einer diakonischen Pastoral; die Gestaltung von Räumen der Zusammenarbeit zwischen den haupt- und ehrenamtlichen MitarbeiterInnen. Erreicht werden die Ziele im Pastoralkurs durch Lehrveranstaltungen, vorbereitende und reflektierende Hospitation bei dem örtlichen Caritasverband des Stadt- oder Kreisdekanates, in dessen Bereich der Kandidat lebt, einem Workshop im Rahmen einer Werkwoche, bei dem die erworbenen theoretischen und praktischen Erfahrungen reflektiert und eine erste Einordnung der pastoral-caritativen Bemühungen in die künftigen Aufgaben des Diakons versucht werden, und die begleitete Einführung in die konkrete Arbeit vor Ort mit einhergehender Überprüfung des Gelernten im beruflichen Alltag.

5. Der Diakon als Brückenbauer einer diakonischen Gemeinde

In der Sendung des Ständigen Diakons ist ihm in besonderer Weise im Amt der Kirche der bischöfliche Auftrag gegeben, dass die Gemeinde, in der er seinen Dienst vollzieht, sich immer wieder neu ihrer diakonischen Wesensdimension bewusst wird bzw. diese im Sinn des Eröffnungswortes der Pastoralkonstitution des II. Vatikanischen Konzils (Gaudium et spes, Art. 1) findet: „Freude und Hoffnung, Trauer und Angst der

Menschen von heute, besonders der Armen und Bedrängten aller Art, sind auch Freude und Hoffnung, Trauer und Angst der Jünger Christi. Und es gibt nicht wahrhaft Menschliches, das nicht in ihren Herzen seinen Widerhall fände."

Auf dem Fundament dieser Worte ist der spezifische Dienst des Diakons der Dienst des dienenden Christus. Der Ständige Diakon vergegenwärtigt geradezu Jesus Christus selbst, der in seiner liebenden Fürsorge auf die Menschen blickt, die am Rande stehen, „der sie zurückholt in die Gemeinde und ihnen so neue heilstiftende Gemeinschaft mit Gott schenkt. Sein Platz wird folglich immer an der Seite der Armen sein, an der Seite der Leidenden, der Behinderten, der Outcasts – dort, wo das Leben den Menschen wirklich das Letzte abverlangt: seelisch, körperlich, sozial und gesellschaftlich"[14]. Der Diakon als „Auge der Kirche" nimmt so die Nöte in der Gemeinde wahr, er ist der Motor, der Anstöße gibt, Not zu lindern – von pekuniärer Not bis hin zur existentieller Glaubensnot. In der Linderung der Not ist der Diakon dann gleichsam der Anstifter im Aufbau von Gruppen der Hilfe, die später dann zu Selbsthilfegruppen der in Not Geratenen hinführen. Zuallererst als Hörender nimmt der Diakon die Lebensgeschichten der Menschen wahr, nimmt ihre Sorgen und Ängste, ihre Freuden und Hoffnungen in seine Verkündigung auf und wird so gleichsam zum Brückenbauer vom Rand der Gemeinde zu ihrer Mitte, der Eucharistie, hin. Von der Mitte her, der Eucharistie, ist der Diakon an die Türschwelle der Gemeinde gesandt, kündet er dort die froh machende Botschaft unseres Glaubens, bereitet er Wege und lädt die am Rande Stehenden ein, in die Nachfolge Jesu einzutreten und in ihr zu verweilen, um so die Kirche als eine Gemeinschaft von geschwisterlich Glaubenden aufzubauen.[15]

---

[14] P. Nüsser, Das Proprium des Ständigen Diakons – Versuch einer spirituellen Ortsbestimmung, in: G. Riße/G. Augustin (Hg.), Die eine Sendung – in vielen Diensten. Gelingende Seelsorge als gemeinsame Aufgabe in der Kirche, Paderborn 2003, 180. Vgl. auch B. Lunglmayr, Der Diakonat. Kirchliches Amt zweiter Klasse, Innsbruck 2002, 72–97.
[15] G. Riße, Der Ständige Diakonat – eine Bereicherung für die Sen-

Die hier beschriebene Verortung des Diakons in der Gemeinde bringt es dann mit sich, „dass er immer auch der ‚Zurüster der Caritas' sein sollte: als geistlicher Begleiter der in der Caritas ehrenamtlich Tätigen, der diese in die tiefere Dimension ihres Tuns einführt und sie darin geistlich begleitet; als Caritasbeauftragter innerhalb des Dekanates und sicherlich auch – sofern er die übrige dazu erforderliche Qualifikation mitbringt – als verantwortlicher Leiter der diözesanen Caritasverbände"[16].

6. Der Diakon als Mitsorger auf dem Weg zu einer geschwisterlichen Kirche

Wo nun der Diakon in der Diakonie der christlichen Bruderliebe, des Wortes und der Liturgie in der Gemeinde diakonische Dienste anregt und heranbildet, ist sein Dienst gekennzeichnet durch die Hinführung zu einer geschwisterlichen Kirche, die hinhört auf die Zeichen der Zeit. Prospektiv seien hier – unabgeschlossen und thesenartig – Herausforderungen genannt, die die Mitsorge des Diakons in seinem diakonischen Auftrag positionieren.

So soll der Diakon – *auf dem Marktplatz der Städte und Dörfer präsent sein.* Unsere Gemeinden erfahren immer tiefer die Areopag-Situation des Paulus in Athen, daher müssen wir Christen mehr denn je auf dem Marktplatz der Dörfer und Städte präsent sein, damit die frohe Botschaft in den Herzen der Menschen Gehör findet und als eine neue Lebenskraft zur Lebensbejahung und Lebensbewältigung erfahren wird. Um aber diese Aufgaben anzugehen und zu erfüllen, obliegt es dem Diakon, in unseren Gemeinden Lebensräume zu schaffen, in denen Menschen sich begegnen können, die zum Verweilen und Bleiben einladen. Hier stellen sich für den Diakon

---

dung der Kirche, in: ders./G. Augustin (Hg.), Die eine Sendung – in vielen Diensten. Gelingende Seelsorge als gemeinsame Aufgabe in der Kirche, Paderborn 2003, 103.

[16] P. Nüsser, a. a. O., 190 (Anm. 14).

eine Fülle von Aufgaben, welche neuen Wege beschritten werden können und müssen, um den fragenden und suchenden Menschen den Weg zum Haus des Vaters zu weisen.

Als Diakon: Zeuge sein und Zeugnis geben. Im 1. Petrusbrief (3,15) steht das mahnende Wort: „Haltet in euren Herzen Christus, den Herrn, heilig! Seid stets bereit, jedem Rede und Antwort zu stehen, der nach der Hoffnung fragt, die euch erfüllt." Wer als Christ Rede und Antwort geben soll von der Hoffnung, die in uns ist, der ist zu einem Glaubenszeugnis auf- und herausgefordert. Das Lebenszeugnis selbst ist dabei unter Beachtung der jeweiligen Lebenswelt mit in die Waagschale zu werfen. Es zeigt sich, dass es vor allem die Glaubenserfahrungen von tiefglaubenden und bekennenden Christen sind, die suchende und fragende Menschen vor allem interessieren. Die je eigene erzählte Glaubensbiographie ist grundlegend in der Weitergabe und Vermittlung des Glaubens. Der Glaube wird zunächst einmal geglaubt durch das gelebte Zeugnis des Glaubens. Der Diakon in seiner Zeugenschaft ist dann Mitsorger zu einem verantwortlich gelebten und bezeugten Christsein.

Missionarisch sein. Unsere Gemeinden können im Pluralismus der Zeit nur dann Salz der Erde sein, ein Licht in der Welt und ein Zeichen unter den Menschen, wenn sie als eine einladende und offene Glaubensgemeinschaft von Mitglaubenden erfahren wird. Für unsere Gemeindepastoral heißt das konkret, dass sie sich künftig zu einer „Diasporapastoral" entwickeln und entfalten muss, die zeugnishaft aus den Quellen von biblischem Glauben, Spiritualität und Liturgie verstärkt zunächst den Einzelnen in den Blick nimmt als Bruder und Schwester im Glauben. Das II. Vatikanische Konzil stellt in der Kirchenkonstitution „Lumen gentium" fest, dass alle Christen zum Apostolat und zum glaubwürdigen prophetischen und missionarischen Zeugnis in dieser Welt aufgerufen sind, „damit die Kraft des Evangeliums (...) im alltäglichen Familien- und Gesellschaftsleben aufleuchte" (Art. 35) – wie viel mehr gilt das für die Diakone, die, in einer Zeit, die als Zeit der Neuevangelisierung und als geistige Diasporasituation zu apostrophieren ist, geprägt sein sollten von einem starken missionarischen Bewusstsein beim Aufbau einer missionarischen Kirche.

Die Gottesfrage verheutigen. Auf Gott hören, ihn zur Sprache kommen lassen – damit haben nicht wenige Christen in unserem Land gegenwärtig ihre konkreten Probleme; sie verschließen sich mehr und mehr einer Begegnung mit Gott, haben sich von Gott zum Teil lautlos verabschiedet. In diesem Zusammenhang muss man unvoreingenommen von einer Gotteskrise sprechen. So müssen alle Christen, in Sonderheit die Diakone, mit brennender Sorge in unserer Zeit auf die Weitergabe des Glaubens an die uns nachfolgende Generation blicken. Indem der Diakon Gottes befreiende Botschaft kündet, wird er – für die Menschen bestellt – gleichsam die Hände, die Füße, der Mund des Schöpfergottes, der sich in Jesus Christus entäußert hat. Der Diakon als Verheutiger der Gottesfrage, der den Menschen in allen Lebenslagen den dreieinen Gott als einen Gott der Geschichte und in der Geschichte kündet, der in Vergangenheit, Gegenwart und Zukunft als mitliebender und mitleidender Gott bei den Menschen gegenwärtig ist.

Den Hunger nach Spiritualität stillen. Auf dem Markt der Angebote nach Lebenssinn und damit nach Lebensfülle wird eine Vielzahl – oftmals nichtchristlicher – Sinnentwürfe angeboten. Die Menschen rufen geradezu nach Orientierung in allen Lebenslagen. Diese Suchbewegungen hat ein Diakon ernst zu nehmen, im Stillen des Verlangens nach Zeugen und Zeugnissen, Formen, Orten und Gemeinschaften geistlichen Lebens. Im Einüben des Gebets und in dem Aufweis der Eucharistie als das Sakrament der Sakramente, die Quelle der Spiritualität, hat der Diakon seinen Anteil zu leisten, dass die grundlegende Weise heutiger Spiritualität, das Wirken des Geistes Gottes in der Welt, zum maßgeblichen Vollzug christlichen Glaubens und Lebens wird, die sich darin konkretisiert, dass er Räume diakonischen Handelns ermöglicht, in denen das „Integral von Religion und Diakonie, von Ritual und sozialem Engagement"[17] verankert ist.

---

[17] O. Fuchs, a. a. O., 52.

Sünder zurechtweisen
Collage zu Lucas Cranach d. J. (1515–1665), Christus und die Ehebrecherin

Zur Verbindung zwischen dem Amt des Ständigen Diakons und der Caritas der Kirche sind die Worte, die Joachim Kardinal Meisner in seiner Predigt zur Diakonenweihe im Hohen Dom zu Köln am 22. November 2003 gesprochen hat, wegweisend: „Mit dem Herzen des Diakons will der Herr den Armen allezeit nahe bleiben. Der Diakon ist die sichtbar gewordene Barmherzigkeit Gottes."[18]

---

[18] Joachim Kardinal Meisner, Predigt zur Diakonenweihe im Hohen Dom zu Köln am 22. November 2003, in: Diakonenbrief. Ständiger Diakonat im Erzbistum Köln, 3.

Herbert Fendrich

Caritas und Kunst

„Herr, öffne meine Augen"

*Über einige Zusammenhänge
von Ethik und Ästhetik*

„Caritas plus ..." Wer unter dieser Überschrift die Leerstelle mit dem Wort „Kunst" besetzt, muss sich den Vorwurf gefallen lassen, dass er die freundlich verbindende Konjunktion überstrapaziert: „Caritas und Kunst" – eine Verbindung? Ein Bündnis gar? Zu meiner Entschuldigung darf ich anführen, dass nicht ich auf die Idee gekommen bin, ein solches Thema in den Zusammenhang „Caritas plus" einzubringen. Aber wenn man mich danach fragt, gebe ich natürlich gerne Auskunft.

Und übernehme die volle Verantwortung. Das muss ich auch. Denn was ich zu diesem Thema sagen kann, entspricht nicht annähernd den Erwartungen des „Auftraggebers". Als ich Martin Patzek neugierig fragte, was er sich denn unter diesem Thema vorstellt, war schnell klar: Darüber spreche ich nicht!

1. Caritas oder Kunst

Meines Erachtens darf ich zu diesem Thema überhaupt nicht sprechen, ohne redlicherweise zumindest einleidend darauf hinzuweisen, dass ein Blick in die Kirchengeschichte eine ganz andere Formulierung nahe legt: Caritas *oder* Kunst. Denn die unbestreitbare Verpflichtung zur Nächstenliebe und zum sozialen Engagement ist zu allen Zeiten der Kirchengeschichte *das* Argument gegen die Kunst. Kunst und Caritas werden gegeneinander ausgespielt. Und die Argumentationsstruktur ist so simpel und gleichzeitig so durchschlagend, dass sie auch in der heutigen Zeit noch jeder Pfarrgemeinderat beherrscht.

Ich lasse als Beispiel einen Starredner der frühen Kirche zu Wort kommen: Johannes Chrysostomos (349/50–407). Er appelliert: „Verwende deinen Reichtum zu Gunsten der Armen!" und lässt ein kleines rhetorisches Feuerwerk folgen: „Gott braucht keine goldenen Kelche, sondern goldene Seelen. Das sage ich aber nicht, um euch davon abzubringen, solche Weihegeschenke darzubringen. Nur bitte ich euch, dass ihr zugleich, ja noch früher als das, euer Almosen spendet. Gott nimmt zwar auch jene Geschenke an, noch viel lieber aber diese. Bei den Weihegeschenken hat nur der einen Nutzen, der gibt, beim Almosen auch der, der empfängt. Dort hat die Sache auch einen Anschein von Ehrgeiz; hier ist das Ganze Erbarmen und Liebe. Oder was nützt es dem Herrn, wenn sein Tisch voll ist von goldenen Kelchen, er selber dagegen vor Hunger stirbt? Stille zuerst seinen Hunger, dann magst du auch seinen Tisch schmücken, so viel du kannst!" Sein Zeitgenosse, der Bischof Asterios von Amaseia, sagt es – in einer Homilie über die Geschichte vom reichen Prasser und dem armen Lazarus – kurz und bündig: „Male nicht die Körbe mit den Speiseresten, sondern gib den Hungernden zu essen!"

Fazit: Kunst ist Luxus, der liebe Gott braucht sie nicht; sie befriedigt menschliche Eitelkeit, und sie behindert die viel wichtigere Fürsorge für die Armen und Hilfsbedürftigen. Von wegen: Caritas + Kunst!

2. Am Anfang das Sehen

Sie merken: Ich will es mir mit einem Plädoyer für die Kunst als „Verbündeten" der Caritas nicht leicht machen. Aber – richtig schwer finde ich die Aufgabe auch nicht. Ich habe die Überschrift über meinen Beitrag dem Gotteslob entnommen. Dort gibt es (unter der Nr. 29) eine Reihe von „Gebeten um sozial-caritative Gesinnung". Und das Gebet Nr. 3 beginnt: „Herr, öffne meine Augen, dass ich die Not der anderen sehe ..." Es wird wohl niemand bestreiten können: Am Anfang jeder Caritas steht das Sehen. Die Reihenfolge kennen seit Kardinal Cardijn nicht nur KAB und CAJ: Sehen, urteilen, handeln.

Dass am Anfang das Sehen steht, erzählt auch die *Geschichte vom barmherzigen Samariter*, ein Musterbeispiel gelungener Moralpädagogik. Vielleicht deswegen auch eine der einflussreichsten Jesus-Erzählungen überhaupt. Das Beispiel des Samariters bestimmt die christliche Caritas durch 2000 Jahre Kirchengeschichte und charakterisiert die großen Einzelgestalten: von St. Martin bis Mutter Teresa. Das Schlüsselwort der Geschichte ist das dreifache „und er sah". Aber zweimal folgt dem Sehen das Weitergehen, und erst vom Samariter heißt es: „... er hatte Mitleid ..." „Sehen" allein reicht nicht, ist nur „Theorie" im ursprünglichen griechischen Wortsinn (das „Zuschauen"). Was kann den Schritt der Vorübergehenden aufhalten? Drei Kennzeichen der Erzählstrategie des „Moralpädagogen" Jesus möchte ich hervorheben:

- Die auffällige Nüchternheit, Distanziertheit, fast Emotionslosigkeit der Schilderung. Keine dramatische Ausschmückung der Notsituation des Überfallenen, kein Wort zum Verhalten der Kultbeamten, die an der Not vorübergehen. Das wird alles der Phantasie und der Bewertung der Zuhörer überlassen.
- Die Umkehrung der Perspektive. Hatte der Gesetzeslehrer nach dem Objekt seiner Liebesverpflichtung gefragt („Wer ist mein Nächster?"), dreht Jesus mit seiner Schlussfrage den Spieß um: Wer wurde dem Opfer zum Nächsten? Positiv zielt die Frage auf die Haltung: Sei du ein Nächster!
- Der Standort des Erzählens ist entsprechend der umgekehrten Perspektive immer in der Nähe des Mannes, der in Not gerät, Hilfe braucht und am Ende fürsorgliche und vorsorgende Hilfe erfährt. Nicht die Theorie ist zentral. Erst recht nicht der Theoretiker.

Um es in der Sprache der Fußballexperten zu sagen: Entscheidend ist immer auffem Platz. Aber wie kommt man da hin?

Es kommt auf das Sehen an – *und* auf die Vermittlung von Perspektiven, von Sicht- und Sehweisen, die die Menschen zum Handeln bewegen. Das ist die Absicht des Erzählstrategen Jesus. Er will mit seiner Geschichte – um es mit einer Formulierung von Dorothee Sölle zu sagen – „die Anzahl der Zuschauer verringern zugunsten derer, die mit-leidend mithandeln".

Jesus beherrscht das „Kunstmittel" der Erzählung. Ein anderes „Kunstmittel" ist die „bildende Kunst". Es müsste sich doch lohnen zu beobachten, mit welchen Strategien die „Sprache der Bilder" die Menschen bewegen will und kann. Ich lade Sie ein, auf drei Beispiele zu schauen, die mit der Geschichte vom barmherzigen Samariter zu tun haben. Mal sehen, ob das Bild, die „Kunst", ein guter „Verbündeter" der Einladung zum karitativen Handeln ist.

3. Der Heiland und sein Engel

Mein erstes Beispiel ist gleich das älteste Bild zur Geschichte Lk 10,25–37 überhaupt. Ein Ausschnitt aus einer Illustrationsseite des *Purpur-Codex von Rossano* aus der Mitte des 6. Jahrhunderts. Wir fragen: Welche Strategien verfolgt das Bild? Was sollen wir von der Geschichte zu sehen bekommen? Und wie? Was drückt uns das Bild aufs Auge?

Fangen wir unten an. Ganz unten. Das Opfer des räuberischen Überfalls liegt lang hingestreckt auf dem unteren Bildrand. Elend, nackt und bloß. „Halb tot," wie der Text sagt. Das wird noch unterstrichen durch die fahle Hautfarbe, die deutlich vom Purpurgrund, aber auch von Gold, Weiß und Blau absticht.

Wir halten fest: So drastisch es frühbyzantinischer Malerei möglich ist, wird uns die Not des Menschen gezeigt. Das ist keine überraschende Bildstrategie. Auf den Einfall wären Sie zur Not auch gekommen, wenn Sie die Geschichte vom barmherzigen Samariter zu illustrieren hätten.

Aber alles andere im Bild ist ungewöhnlich. Zuerst: Der *Samariter* ist *Christus*. Tief gebeugt steht er da und streckt sich dem armen Kerl entgegen. Ein „Verstoß", eine Erweiterung gegenüber dem Text, die der Maler – oder sein kluger Berater

Purpurevangeliar von Rossano, Syrien um 550
Der barmherzige Samariter (Ausschnitt)

– nicht neu erfinden musste, sondern schon in der Auslegung der Kirchenväter vorfand. Zwei Deutungsmöglichkeiten verbinden sich mit dieser Bildidee. Die eine hat mit der ursprünglichen Geschichte so gut wie nichts zu tun, ist aber trotzdem schön. Sie lädt uns ein, in dem armen Menschen uns selbst zu sehen. Wir sind des Heils an Leib und Seele bedürftig, und *Jesus, der Heiland*, will uns dieses Heil schenken. Wir sollten es annehmen.

Die andere Deutung: Wenn die beispielhafte Gestalt des barmherzigen Samariters durch Christus dargestellt wird, dann wird die tätige Nächstenliebe als Teil und als wesentlicher Ausdruck der *Nachfolge Christi* anschaulich gemacht. Und Jesus wird zum prägenden Vorbild. „Ich habe euch ein Beispiel gegeben, damit auch ihr so handelt", sagt der Herr bei der Fußwaschung (Joh 13,15); und nicht umsonst stellt ihn unser Purpurcodex im dazugehörigen Bild mit genau demselben gekrümmten Rücken dar.

Aber ein paar kluge Gedanken sollten wir auch noch dem *Engel* rechts im Bild widmen. Der taucht ja nun mal gar nicht in der Geschichte auf. Was hat er – oder sie, so genau kann man das bei der Gattung „Engel" nie wissen – dann hier zu suchen? Und zu sagen? Er steht Christus gegenüber, beugt sich wie er über den Verletzten und sorgt so anschaulich dafür, dass wir uns um den Armen nun wirklich keine Sorgen mehr machen müssen: Er ist vollständig von Fürsorge zugedeckt. Der Engel hält mit verhüllten Händen eine goldene Schale hin. Das erinnert stark an liturgische Handlungen und Haltungen. So zeigt uns der Engel nicht nur, dass Helfen „himmlisch" ist (suchen sie noch ein Motto für die nächste Caritasaktion?), sondern eine beliebte Antinomie, ein Schein-Gegensatz, wird hier aufgelöst: der von Gottesdienst und Nächstenliebe. *Liturgia und Diakonia* wollen hier zusammengesehen werden, und ich überlasse es Ihnen, diesen schönen und wichtigen Gedanken weiterzuentfalten.

4. Das tut weh!

Wir machen einen Riesensprung – in die so genannte „klassische" Moderne. Aber von Klassik ist beim *Streichholzhändler I* des Malers Otto Dix wenig zu spüren. 1920 ist das Bild entstanden. Otto Dix ist 28 Jahre alt und hat vier Jahre seines jungen Lebens in einem grauenvollen Krieg an vorderster Front ver-lebt. Da kann man schon mal böse werden. Und der „frühe Dix" ist furchtbar böse – auf eine Gesellschaft, die sich wieder einzurichten sucht. Und auf die Menschen, die Elend und Not und die schrecklichen Folgen des Krieges nicht wahrhaben wollen.

Sein Bild zeigt eines der Opfer, eines von vielen. Ein blinder Krüppel. Verstümmelt, hilflos und kaum noch lebensfähig. Links von der Bildmitte hockt – oder sagt man: sitzt? – der Streichholzhändler auf einem schräg das Bild durchschneidenden Bürgersteig mit rautenförmiger Pflasterung. Horizontale und vertikale Linien gibt es kaum; der Bildraum suggeriert Haltlosigkeit, Abwesenheit von Perspektive, Leben am Abgrund. Die Mütze zeigt: Der Mann war Matrose, ein Opfer der wahnwitzigen Marinepolitik Wilhelms II. Arme und Beine sind amputiert, die Beinstümpfe stecken in primitiven

Otto Dix, Streichholzhänder I, 1920
© VG Bild-Kunst, Bonn 2004

Prothesen, eine abgerissene Jacke mit flatternden Ärmeln verbirgt die Armenden. Mit einigen grotesken Details unterstreicht Dix, dass der Mann zur völligen Bewegungslosigkeit verurteilt ist: Ein Dackel bepisst den Prothesenstumpen, zwischen der Jacke und der Hauswand hat eine Spinne ihr Netz gespannt. Zudem ist der Krüppel noch blind; dafür ist das Ohr wie der ganze Kopf überdimensioniert. Ein Stoppelbart betont die Verwahrlosung – wie sollte sich der arme Kerl auch rasieren? –, die tiefen Falten könnten vermuten lassen, dass der Streichholzhändler schon alt ist, aber die blonden Haare, Augenbrauen und der Schnäuzer sagen deutlich das Gegenteil.

Wir wollen uns nicht weiter in den Anblick dieses „Häufchen Elends" vertiefen. Es gibt im Bild ja auch Menschen, denen es prima geht. Und damit sind wir bei unserem Thema. Passanten hasten an dem Krüppel vorbei. Wohl situierte Bürger: exakte Bügelfalte, weiße Gamaschen, polierte Lack-

Caritas und Kunst

schuhe, feiste Waden unter einem Spitzenunterrock. Auch sie sind – auf andere Weise – „blind"; und ihre Ignoranz und Indolenz erinnern an die Menschen, von denen Jesus auch erzählt hat: die „sehen" und „vorübergehen". Ich kann mir gut vorstellen, dass Dix auf die biblische Geschichte anspielen will.

Und eine zweite Entdeckung aus dem christlichen Bildrepertoire meine ich machen zu können. Ganz pointiert hat Dix diesen lebendigen Torso vor das Rahmen-Kreuz einer Haustür gesetzt. Er setzt ihn so dem gekreuzigten Christus gleich. Eine Gleichsetzung, zu der Christus selbst im Weltgerichtsgleichnis ermutigt hat: „Was ihr für einen dieser Geringsten *nicht* getan habt, das habt ihr auch *mir nicht* getan" (Mt 25,45).

Schweres Geschütz fährt der Maler auf. Er provoziert. Er klagt und klagt an, will das Gewissen – offensichtlich gerade auch das christliche – wecken. Bange Frage: Hat er's geschafft?

Als Zwischenbilanz nach zwei ganz unterschiedlichen Bildern bleibt diese Frage: Wie dient die Kunst wirkungsvoll der Caritas? Wie öffnet man die Augen so, dass dem Sehen das Handeln folgt? Durch das vorbildliche Beispiel und die Einladung zur Nachfolge? Oder durch die bittere und sarkastische Darstellung des Gegenteils? Oder gibt es noch andere Möglichkeiten?

5. Alles wird gut!

Mein letztes Beispiel habe ich einer im vorigen Jahr erschienenen neuen *Schulbibel* entnommen. Fürchten Sie jetzt bitte keinen Niveauabfall! Die Illustrationen der Künstlerin *Silke Rehberg* sind ebenso kindgerecht wie anspruchsvoll. Sie lohnen die Auseinandersetzung. Sie sind einfach gut.

Alles wird gut. Die Illustration der Schulbibel wählt aus den vielen bildträchtigen Momenten der Beispielerzählung Jesu die Darstellung der Schlussszene. So reizvoll es vielleicht wäre: Es gibt keinen mitleidheischenden Blick auf die Hilflosigkeit des Verwundeten und Ausgeplünderten. Kein Priester

Silke Rehberg, Der barmherzige Samariter,
aus: Meine Schulbibel, © Verlag Butzon & Bercker, Kevelaer / Verlag
Kath. Bibelwerk, Stuttgart / Kösel Verlag, München / Patmos Verlag,
Düsseldorf 2003, S. 100

oder Levit wird im Hintergrund sichtbar, so dass wir uns über die unterlassenen Hilfeleistungen der Kultbeamten entrüsten könnten. Die ausgewählte Szene mit dem gut versorgten Patienten im frisch bezogenen Krankenbett ist aber durchaus geeignet, dass wir uns an die ganze Geschichte der „Nächstenliebe" des Samariters erinnern. Die Erstversorgung der Wunden („goss Öl und Wein über seine Wunden und verband sie") klingt in dem sauberen Kopfverband an, der Transport zum Gästehaus in dem Reittier mit der bunten Decke. Und im Mittelgrund des Bildes – diskret durch einen geknoteten Vorhang vom Patienten abgeschirmt – entlohnt der Samariter den Herbergswirt. Er scheint dabei den Mann im Bett nicht aus den Augen verlieren zu wollen: „Er sah" nicht nur, er hört gar

Caritas und Kunst

nicht auf zu sehen und zu sorgen. Vielleicht dürfen wir die Schürze, die er trägt, als Hinweis darauf deuten, dass er selbst mit Hand angelegt hat bei der Pflege des Verletzten. An dem verhältnismäßig kleinen Geldbeutel können wir erkennen, dass sein Mitleid die aktuelle Reisekasse ganz schön schmälern wird. Darüber hinaus stellt er dem Wirt noch weitere Entlohnung in Aussicht. Das ist ebenso fürsorglich wie klug. Er kündigt ja damit seine Wiederkehr an. Der Wirt wird sich hüten, es dem Verwundeten an irgendetwas fehlen zu lassen.

Ein entscheidender Faktor des Sehangebotes aber wäre noch zu nennen: die Perspektive, die m. E. der Erzählperspektive der Beispielerzählung genau entspricht. Denn der Mann im Krankenbett ist in der vordersten Bildebene ganz ohne Frage optisch „der Nächste", und die leichte Schrägstellung des Bettes verstärkt noch den Impuls auf den Betrachter zu. Die Frage: „Wer ist mein Nächster?" wird durch das Bildarrangement eindeutig beantwortet. Und wir vor dem Bild werden mit dem abschließenden Appell Jesu anschaulich konfrontiert: Der Nächste, das bist du! Wenn du in die Nähe eines Menschen gerätst, der Hilfe braucht, wenn du die Not hautnah spürst, dann bist du der Nächste und dann erweise dich als der Nächste. Oder mit den Worten Jesu und dem Blick auf das Bild: „Dann geh hin und mach es genauso!"

Was kann den Schritt der Vorübergehenden aufhalten? Welche „moralpädagogische Strategie" wirkt? Ich möchte die Entscheidung der Illustratorin für die Darstellung der Schlussszene einmal unter diesem Aspekt betrachten und resümieren: Offensichtlich wird hier diesem ruhigen und beruhigenden Bild einer rundum gelungenen Hilfe eine Menge zugetraut. Mehr als die Konfrontation mit furchtbarer Not oder mit himmelschreiender Ungerechtigkeit animiert hier die schlichte Tatsache, dass wir etwas tun können und dass die Hilfe ankommt.

Wir haben an drei Bildbeispielen zu einer Ur-Kunde christlicher Caritas – der Beispielerzählung vom „barmherzigen Samariter" – erprobt, ob und wie die Kunst zum Sehen verhelfen und zum Handeln anstiften kann. Wir haben dabei insbesondere die Vielfalt möglicher und sinnvoller Perspektiven auf die eine Geschichte entdeckt. Sie lenken das „Sehen" auf unterschiedliche Weise. Bringen überraschende Aspekte – „Ansichten" – ins Spiel. Die sich in „Einsichten" verwandeln können, die aus Zuschauern Akteure werden lassen.

Die Kunst – der vermeintliche Gegenspieler der Caritas – hat sich als nicht zu unterschätzender Mitspieler erwiesen. Ich habe Beispiele ausgewählt, die in Bezug zu einem biblischen Thema stehen. Aber die Bedeutung der Kunst für die Caritas erschöpft sich nicht in Funktionen, die sich direkt für die biblische Botschaft instrumentalisieren lassen. Gerade von zeitgenössischer Kunst wird man eine entsprechende Nähe zur christlichen Verkündigung nicht erwarten dürfen. Trotzdem lohnt es sich, auf diese vielleicht etwas sperrige, befremdliche, auch provozierende Kunst zu schauen. Zwei Werke möchte ich Ihnen noch vorstellen.

6. Guten Appetit!

Ein „modernes" Abendmahl, wenn man so will. *Klaus Staeck* hat es 1982 arrangiert, es befindet sich in der *Pax-Christi-Kirche* in *Krefeld* an der Rückwand des Kirchenraumes. Bei jeder Eucharistiefeier hat man dort also den Altar vor sich und dieses „Abendmahl" im Rücken. Ich finde es bemerkenswert, dass eine katholische Kirchengemeinde sich eine solche Beunruhigung „gefallen" lässt.

Auf einem großen dreiteiligen Plakat sieht man ein kaltes Büffet, dahinter festlich gekleidete und z.T. sichtbar wohlgenährte Herren, die sich bedienen und es sich schmecken lassen. Die fotografische Perspektive – Weitwinkel und Aufsicht – sorgt dafür, dass der reichlich gedeckte Tisch wirkt, als würde er nach vorne hin überlaufen: Hier herrscht wirklicher *Überfluss.* – Und dann ein abrupter Übergang. Vor dem Schwarz-Weiß-Foto steht real im Kirchenraum ein einfacher Holztisch. Der ist keineswegs festlich gedeckt: dreizehn Pappteller, gefüllt mit Steinen. *Nichts zu kauen.* An jedem Teller eine Tischkarte mit den Namen der ärmsten Länder der Erde.

Zugegeben: Man kann ein solches „Kunstwerk" in einem Kirchenraum als völlig deplatziert empfinden. Wird man nicht mal hier in Ruhe gelassen? Müssen wir ausgerechnet hier konfrontiert werden mit der ungerechten Verteilung der Güter unserer Welt? Da können wir doch sowieso nichts dran ändern!

Im 11. Kapitel des ersten Korintherbriefes erfahren wir von Konflikten um die Abendmahlsfeier in der Gemeinde von Korinth. Einige, offensichtlich begüterte Gemeindemitglieder haben sich für das Treffen reichlich eingedeckt und essen und trinken sich schon mal satt. Andere können offensichtlich – vielleicht wegen ihrer Arbeit – erst später kommen, bringen nichts mit und bekommen auch nichts ab: Sie müssen hungern. Paulus schimpft darüber und nimmt kein Blatt vor den Mund: „Was ihr bei euren Zusammenkünften tut, ist keine Feier des Herrenmahls mehr!" (1 Kor 11,20)

Das „Abendmahl" von Klaus Staeck verstehe ich genauso wie die Mahnung des Paulus an die Adresse der Gemeinde in Korinth. Eine Eucharistiefeier unter Christen, die die Not und der Hunger „der anderen" nicht kümmern, verdient diesen Namen nicht. Die sakramentale Gemeinschaft hat die wirkliche Gemeinschaft und die Sorge füreinander zur Voraussetzung *und* will diese fördern. Das zeitgenössische Kunstwerk zeigt auf seine Weise dasselbe wie das Bild der Purpurcodex: den Zusammenhang von Liturgie und Diakonie. „Kommunion" ohne „communio": Das ist ein Widerspruch – nicht nur im Begriff.

7. Schönheit, Himmel und menschliche Not

Meinem letzten Beispiel hätten Sie beim Besuch der Ausstellung „Geistes Gegenwart" im Diözesanmuseum Freising 1998 begegnen können. Der Japaner *Kazuo Katase* hatte dort einen ungewöhnlichen Raum konzipiert. Der erste Eindruck ist „himmlisch": Folien und Schleiernessel vor den Fenstern tauchen den Raum in ein wunderschönes Blau und entrücken ihn dieser Welt.

Nur wenige Gegenstände im sonst leeren Raum. Zuerst eine *goldene Schale*. Eine Halbkugel. Sie ist leer. Wir kennen dieses Symbol bereits aus dem Purpur-Codex von Rossano, wo der Engel es Jesus hinhält. Die Schale signalisiert die Bereitschaft zu geben und zu empfangen. Eine Antenne, eine „Schüssel" der besonderen Art!

Dann ein *Haus*. Zunächst möchte man vielleicht denken: Wie schön! Eine Behausung. Ein Obdach. Ausruhen. Verweilen. Aber die Hütte erscheint doch sehr dunkel, zudem instabil durch ihren schrägen Aufbau. Obendrein hat sie keinen Zugang, nur eine kleine, unzugängliche quadratische Öffnung. Tritt man dann vor den offenen *Karton* mit der Neonröhre, der sich an das Haus anlehnt, erweist sich Kazuo Katase vollends als Spielverderber: Auf dem Karton liegt einer in Kartons. Ein schlafender Obdachloser. Kein Platz in der Herberge!

Ich will Ihnen nun nicht die Predigt halten, die dazu passen würde. Oder Sie gar mit Betroffenheitsfloskeln zutexten. Ich überlasse es Ihnen, sich von dieser Spannung zwischen Entrückung und Erhabenheit einerseits und der Not und der Anklage andererseits beeindrucken zu lassen.

Ich wollte Ihnen ja nur an wenigen Beispielen zeigen, was Kunst kann. Jedes Kunstwerk, das diesen Namen verdient, geht aus einer gesteigerten Aufmerksamkeit und Sensibilität in der Wahrnehmung und in der Beobachtung der Wirklichkeit hervor, deckt auf, was sich hinter der Oberfläche und dem Oberflächlichen verbirgt. Kunst macht sichtbar. Und – ich wiederhole mich – ohne Sehen kein Handeln. Etwas überspitzt: Ohne Ästhetik keine Ethik. Etwas milder, aber positiv gesprochen: Bild und Kunst leisten einen wesentlichen Beitrag zu einem Grundvollzug von Kirche und kirchlicher Verkündigung. Anstiftung zur Caritas.

Arndt Büssing/Thomas Ostermann

Caritas und ihre neuen Dimensionen

Spiritualität und Krankheit

*Gast bin ich in Deinem Zelt
und Du hörst mein Gebet,
das geschwiegene, geflüsterte –
einfach weil es da ist
und Dich findet, ohne zu wollen.*[1]

1. Einführung

Die Utopie eines idealen Umgangs mit Kranken ist stark von der christlichen *Caritas*, dem uneigennützigen und liebevollen Dienst am Nächsten, geprägt. In Einzelfällen mag dem engagierten medizinischen Personal eine solche Hingabe an den kranken Menschen gelingen, aber unter den Bedingungen des heutigen Gesundheitswesens mit einem eingeschränkten finanziellen Spielraum der Krankenhausträger lässt der klinische Alltag dies kaum mehr zu.

Wenn ein Patient mit einer lebensbedrohenden bzw. sein Leben drastisch verändernden Erkrankung konfrontiert wird, dann erwartet er eine adäquate Unterstützung. Zum einen soll das „technisch Machbare" gemacht werden; andererseits erwartet der Patient eine empathische Zuwendung, die seine unausgesprochenen Ängste, die Wut, Ohnmacht und Verzweiflung berücksichtigt. Dieser Aspekt der Patientenbegleitung ist im Personalschlüssel nicht vorgesehen und vom Krankenhaus-Budget auch nicht gedeckt. Die Zuständigkeit wird

---

[1] Arndt Büssing, Am anderen Ufer des Meeres. Zen-inspirierte Psalmen, Berlin 2003.

an den Psychotherapeuten oder den Seelsorger weitergereicht. Die von ärztlicher Seite *notwendige Caritas* ist auf der Strecke geblieben. Und die Spiritualität ist im Laufe der Zeit aus der Medizin ausgetrieben worden.

Auf der Strecke geblieben ist der Patient mit seinen Bedürfnissen nach Sinn und Bedeutung in seinem Leben und seiner Erkrankung. Die sich so artikulierende Suche nach „Ganzheitlichkeit" findet in der modernen Medizin keine adäquate Berücksichtigung und wird daher oftmals durch fragwürdige „alternativ-esoterische" Maßnahmen bedient. Um dieser Entwicklung zu begegnen, kann ein christliches Selbstverständnis eines konfessionellen Krankenhauses Ansätze bieten, wenn es auch tatsächlich gelebt und umgesetzt wird. Biscoping (2003) deutet an, dass frei gemeinnützige Krankenhausträger als eher empathieorientiert gelten und ihre Stärke in Faktoren wie Pflegequalität und Einfühlsamkeit des Personals gesehen wird. Das christliche Profil könne sogar als „Markenprodukt" angesehen werden und Spiritualität als „Kapital der Caritas".

Von Seiten der Wissenschaft zwar darauf hingewiesen, dass Glaube und Spiritualität wichtige „Bewältigungsstrategien" sind im Zuge der fortschreitenden Individualisierung und Säkularisierung in Europa (Jagodzinski und Dobbelaere, 1993), ist es allerdings unklar, welche Patienten tatsächlich einen Zugang zu Religiosität und Spiritualität haben und wie sie vor diesem Hintergrund mit Krankheit umgehen. Eine sich daran anschließende Frage ist, ob Ärzte und Pflegende überhaupt in der Lage sind, den spirituellen Bedürfnissen der Patienten gerecht zu werden. Diese beiden Themenkomplexe haben gravierende Auswirkungen in der Profilbildung der konfessionellen Krankenhausträger und der Umsetzung ihrer Leitbilder.

2. Erwartungen an Religion und Spiritualität

Es ist selbstverständlich, dass Patienten durch ihre Krankheit mit der Frage nach dem Sinn und der Bedeutung ihres Lebens konfrontiert werden und in vielen Fällen eine Rückbindung (lat. *religare*) an eine höhere helfende Instanz der Religions-

Traditionen suchen (Mk 10,52; Lk 18,42: „Dein Glaube hat dich geheilt!"; siehe dazu auch Matthiessen 2002) – oder ihre Glaubensüberzeugung enttäuscht in Frage stellen. Es scheint ein Fakt zu sein, dass konfessionelle Bindungen (Kirchenzugehörigkeit) und das Vertrauen in eine beschützende Instanz an Relevanz verlieren, während auf der anderen Seite das Bedürfnis nach Bedeutung und Halt in anderen Sinnsystemen (Klein, 2000; Schnabel, 2003; Büssing, 2001) gesucht wird. Viele Menschen sind aber durchaus davon überzeugt, dass Glaube heilen oder zumindest hilfreich bei der Krankheitsbewältigung sein kann. Unsere Patienten meinten z. B.:

- *(A2) „Ich akzeptiere meine Krankheit nicht als Dauerzustand. Mit Gottes Hilfe in mir werde ich wieder gesund werden."*
- *(A24) „Der feste Glaube an Gott und das Wissen um den Sinn des Lebens lassen mich meine Krankheit besser ertragen."*
- *(A25) „Je mehr Gottvertrauen ich entwickle, desto mehr Zufriedenheit und Gelassenheit erfahre ich. Ich glaube, dass gerade die Leberentzündung mich darauf ‚hinweisen' will, dass ich mich immer mehr von Gott distanziert hatte."*
- *(K55) „Mein tiefer innerer Glaube an Gott gibt mir vor allem an schlechten Krankheitstagen viel Kraft. Durch ständige Zwiegespräche mit Ihm fühle ich mich nie allein!"*

Eine Patientin aus der Tumorambulanz des Gemeinschaftskrankenhauses Herdecke mit rasch fortschreitendem metastasiertem Bronchialkarzinom berichtete eindrücklich, dass sie, nachdem sie in einer Meditationsgruppe und einer Gebetsgruppe Halt gefunden hatte, sich nun endlich *erlöst* fühle. Ihr ging es nicht darum, dass eine religiöse/spirituelle Praxis zur Heilung führt, sondern ihr beim Umgang mit der Erkrankung und der Finalität hilft. Dies scheint die eigentliche Möglichkeit der spirituellen Praxis zu sein – Bewältigungsstrategien, um Sinn und Halt zu finden.

Spiritualität und Religiosität in der Betreuung von Patienten sollten jedoch nicht auf den Aspekt der „letzten Hoffnung" reduziert werden, wenn Ärzte, Psychologen, Seelsorger u. a. ihn verlassen haben. Sie sollten vielmehr als integraler Be-

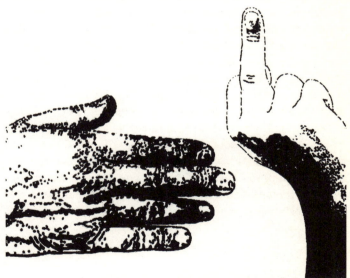

Beleidigern verzeihen
Collage zu Lovis Corinth (1858–1925), Ecce Homo, 1925, 190 × 150 cm

standteil in der Patientenversorgung berücksichtigt werden, da die Einstellung und Überzeugung des Patienten von ausschlaggebender Bedeutung ist, wie er mit seiner Krankheit umgeht und sein Leben mit oder trotz der Bedrohung gestaltet.

Unabhängig von der Frage, ob sich durch Spiritualität/Religiosität tatsächlich der Krankheitsverlauf günstig beeinflussen lässt – und hierzu gibt es insbesondere in der amerikanischen Literatur eine kaum mehr zu ignorierende Datenlage (Übersichten bei Ellison und Levin, 1998; Sloan et al., 1999; Thoresen, 1999; Lukoff et al., 1999; McCullough et al., 2000; Luskin, 2000; Sloan und Bagiella, 2002; Powell et al., 2003; Seeman et al., 2003) –, ist es von wesentlichem Interesse, welche grundsätzlichen Einstellungen Patienten tatsächlich zu diesen Themen haben – insbesondere vor dem Hintergrund zunehmender Individualisierungs- und Säkularisierungstendenzen in Europa. Die Operationalisierbarkeit und Messbarmachung der Spiritualität ist angesichts einer Vielzahl unterschiedlicher Bedeutungsnuancen schwierig. Es wurde von uns daher ein Fragebogen entwickelt, dessen Ziel es ist, die Einstellung von Patienten mit lebensbedrohenden und lebensverändernden Erkrankungen zu Religiosität/Spiritualität und ihrem Krankheitsumgang zu erfassen und zu beschreiben. Der sehr offen gehaltene SpREUK-Fragebogen (Ostermann et al., 2004; Büssing et al., 2004) umfasst in seiner Grundversion folgende Dimensionen: (1) Suche nach sinngebender Rückbindung, (2) Führung, Kontrolle und Krankheitsbotschaft, (A) Support in der Auseinandersetzung mit der Externalität durch Spiritualität/Religiosität und (B) Stabilisierung der inneren Befindlichkeit durch Spiritualität/Religiosität. Die Ergebnisse einer Befragung von 129 Patienten im Gemeinschaftskrankenhaus Herdecke mit diesem Instrument werden im Folgenden dargestellt.

3. Einstellung zu Religiosität und Spiritualität

In unserer Befragung rechneten sich 76 % der Patienten (Geschlechtsverteilung: m/w 2:1; Alter: 54 ± 14 Jahre) nominell einer christlichen Konfession zu (wobei hier absichtlich nicht zwischen katholischer Kirche und den protestantischen Kirchen differenziert wurde), während 19 % keine Konfessionszugehörigkeit haben und nur 4 % anderen Religionstraditionen folgen (Islam, Buddhismus u. a.). Konfessionszugehörigkeit ist zwar ein gewisses extrinsisches Merkmal der Religiosität, sagt aber wenig über die tatsächliche Religiosität/Spiritualität des Einzelnen aus.

Einige der von uns befragten religiösen Patienten wollten sich offensichtlich von einer falsch verstandenen „Spiritualität" abgrenzen („Ich bin doch katholisch"), was auch darauf zurückzuführen ist, dass die Begriffe Religiosität und Spiritualität im deutschsprachigen Raum anders besetzt sind als zum Beispiel in Amerika. Während im Spätmittelalter mit Spiritualität noch die Verkündigung, Verbreitung und Vertiefung des christlichen Glaubens gemeint war, verbindet die Mehrzahl der Bevölkerung heute mit dem Begriff überwiegend Inhalte aus dem Bereich der Esoterik.

Definitionen
Mit dem Begriff *Spiritualität* (lat. *spiritus*, Geist) wird im Allgemeinen eine nach Sinn und Bedeutung suchende Lebenseinstellung bezeichnet, bei der sich der/die Suchende ihres „göttlichen" Ursprungs bewusst ist (wobei sowohl ein transzendentes als auch ein immanentes göttliches Sein gemeint sein kann, z. B. Gott, Allah, JHW, Tao, Brahman, Prajna, All-Eines u. a.) und eine Verbundenheit mit anderen, mit der Natur, mit dem Göttlichen usw. spürt. Aus diesem Bewusstsein heraus bemüht er/sie sich um die konkrete Verwirklichung der Lehren, Erfahrungen oder Einsichten im Sinne einer gelebten Spiritualität, die durchaus auch nicht-konfessionell sein kann. Dies hat unmittelbare Auswirkungen auf die Lebensführung und die ethischen Vorstellungen. Diese zugrunde liegenden „Erfahrungen" gehen in der Regel mit einer für Außenstehende kaum nachvollziehbaren „inneren" Veränderung einher („Erleuchtung", Gottes-Erfahrung, Wiedergeburt).
Bei einer *Religion* (lat. *religare*, [sich an etwas] zurückbin-

den) handelt es sich um eine Weltanschauung, bei der ein gemeinsamer überlieferter Glaube an eine unbeweisbare, jenseitige, nicht direkt erkennbare Wirklichkeit im Vordergrund steht. Die jeweiligen äußeren Ausprägungen einer Religion (z. B. die besonderen Vorstellungen, Kenntnisse und Rituale im Judentum, Christentum, Islam, Hinduismus, Buddhismus, Konfuzianismus, Taoismus usw.) werden durch bestimmte Personen (z. B. Priester, Mönche etc.) im Sinne einer umfassenden Lehre bewahrt und an die Gläubigen übermittelt. Das individuelle „geistliche Erleben" kann dabei durchaus von der Lehr-Meinung (Dogmatik) abweichen, bis sie von einem „Oberhaupt" anerkannt wird. Das Ritual ist dementsprechend Ausdruck einer formalisierten Spiritualität. Die Religiosität drückt sich in der Teilnahme und Befolgung der Glaubensinhalte und -praktiken der Religion aus.

Mit *Esoterik* wird ein (para-)religiöses „Geheimwissen" bezeichnet, das einem kleinen und exklusiven Kreis von Eingeweihten („Initiierten") zugänglich ist. Hierbei werden die Vorstellungen und Praktiken aus den unterschiedlichen Religionen, Philosophien und Lebensanschauungen, aber auch der Astrologie, der Magie und dem Okkultismus, miteinbezogen. Die Ausprägungen der verschiedenen Strömungen umfassen z. B. Gebete oder Meditation zur universellen Liebe, Umgang mit der Schöpfung und den Naturelementen, Ernährung, Sexualität, Channeling, Astrologie, Tarot, Pendeln, Reiki, Bachblüten u. v. m. Im Bereich der Esoterik finden häufig Menschen eine spirituelle Heimat, die von der Enge der konfessionellen Dogmatik abgeschreckt oder enttäuscht sind. Auf der anderen Seite befriedigt der kommerzialisierte „Esoterik-Markt" durchaus auch das Bedürfnis nach übersinnlichen Erfahrungen, rascher „exklusiver" Erlösung und der daraus resultierenden Machtposition.

Unser Anliegen war es, sowohl Definitionsvorgaben[2] als auch

---

[2] Für die aktuelle Version des SpREUK-Fragebogens wurde jedoch eine Fußnote ergänzt, die offen genug ist, um keine Meinungen und

Begriffe aus dem konfessionell geprägten Umfeld zu vermeiden. Bewusst wurde daher auch die spirituelle bzw. die religiöse Einstellung in zwei separaten Fragen abgefragt.

32 % der Patienten bezeichnen sich als religiös und spirituell (R+S+) und 35 % als religiös, aber nicht spirituell (R+S-), während 20 % weder religiös noch spirituell (R-S-) und 9 % spirituell, aber nicht religiös (R-S+) eingestellt sind. 4 % der Patienten haben hierzu keine Meinung.

Faktorenanalytisch geht es um die „spirituelle Einstellung" in Skala 1, die thematisch die „Suche nach sinngebender Rückbindung" abbildet, während die „religiöse Einstellung" zur Skala 2 gehört, die die Kontrollüberzeugungen nach Rotter (1966) und Levenson (1972) sowie die Frage nach Schicksal und Krankheitsakzeptanz (bzw. Krankheitsbotschaft) anspricht.

4. SpREUK-Scores

Frauen hatten in unserer Untersuchung im Vergleich zu Männern einen leicht höheren (aber statistisch signifikanten) Score für die Skalen 1 und 2. Auffällig war zudem, dass verheiratete Patienten einen geringeren Score für die Skala 1 aufwiesen als Patienten, die mit einem festen Partner zusammenleben (vermutlich weil sie keinen „transzendenten" Halt brauchen, da sie Sinn und Halt in ihrem Partner gefunden haben), während Patienten ohne feste Partnerschaft (geschieden/allein stehend) auch in der Skala A („Support in der Auseinandersetzung mit der Externalität durch Spiritualität/Religiosität") deutlich höhere Scores haben.

Erwartungsgemäß hatten Patienten ohne Konfessionszugehörigkeit signifikant geringere SpREUK-Scores als die überwiegend christlich orientierten Patienten (Tabelle 1). Für die

---

Einstellungen zu suggerieren: „Mit Spiritualität ist *auch* das nichtkonfessionelle ‚Suchen nach geistigen Wahrheiten' gemeint. Zudem gibt es sehr wohl auch eine katholische, protestantische, jüdische, islamische usw. Ausprägung der Spiritualität."

Skala 1 („Suche nach sinngebender Rückbindung") war auffällig, dass die R+S+ signifikant höhere Level als die R+S- hatten. Sinn-Suche scheint also mit einer spirituellen Einstellung assoziiert zu sein. Ein ähnliches Bild ergibt sich für die Faktoren A und B, welche die positiven Auswirkungen der Religiosität bzw. Spiritualität auf die Lebensbezüge ansprechen.

Tabelle 1: SpREUK-Scores und Religiosität/Spiritualität[3]

	Anzahl (n = 129)	%[4]	Skala 1 (54,8±21,5)	Skala 2 (64,9±15,6)	Skala A (59,0±24,0)	Skala B (62,3±25,1)
Konfession			*	**	**	**
Christlich	98	76	55,4±20,6	67,1±14,2	63,9±21,0	64,2±24,2
Andere	5	4	56,9±23,7	**80,0±15,2**	**74,4±22,6**	**90,0± 9,5**
Keine	24	19	**41,3±22,4**	53,6±15,3	**35,0±22,7**	**48,4±24,7**
religiöse Haltung			**	**	**	**
R+S+	41	32	**70,3±16,1**	69,7±13,6	**77,1±15,3**	74,4±24,8
R-S-	25	19	**32,3±15,5**	53,6±16,5	**27,9±17,4**	**46,8±25,4**
R+S-	45	35	46,3±18,0	70,0±13,4	60,1±18,2	61,8±22,1
R-S+	12	9	*61,2±13,4*	59,1±12,8	58,3±21,6	63,0±17,8

5. Religiöse/spirituelle Einstellungen der untersuchten Patienten

Die meisten Patienten nehmen ihre Krankheit hin und tragen sie „mit Fassung", sie erleben diese aber überwiegend nicht als selbst verschuldet.

Sie haben sowohl Vertrauen in eine höhere Macht, die sie trägt (68 %), als auch in ihre innere Stärke (64 %). Sie erleben ihre Krankheit als Hinweis, etwas in ihrem Leben zu ändern,

---

[3] Die Patienten-Charakteristika und Details der statistischen Auswertung finden sich in: Ostermann *et al.* (2004). Die SpREUK-Scores sind in % angegeben. Abweichungen vom Mittelwert um mindestens 15 % sind fett hervorgehoben.

[4] Für manche Variablen wurden von einigen Probanden keine Angaben gemacht, so dass nicht immer 100 % erreicht werden. ** $p < 0,01$ und * $p < 0,05$ (Kruskal-Wallis-Test für asymptomatische Signifikanz).

Lästige ertragen
*Collage zu El Greco (1541–1614), Tempelreinigung, 1612 (?),
106 × 104 cm*

Tabelle 2: Differenzierung der Patientenaussagen hinsichtlich einer religiösen bzw. spirituellen Einstellung

	+	-	+			-			Signifikanz
	alle	alle	R+	S+ R-	R- S-	R+	S+ R-	R- S-	Chi^2
1: Suche nach sinngebender Rückbindung									
1. Überzeugung einer günstigen Beeinflussung von Krankheit durch Zugang zu einer spirituellen Quelle	38	27	42	55	33	29	18	33	0,121
2. Wunsch nach einem Zugang zu Spiritualität/Religiosität	25	42	28	64	8	46	18	71	0,009
3. intensive Beschäftigung mit spirituellen oder religiösen Fragen durch Krankheit	43	38	52	75	4	31	17	88	0,000
4. Drang zu spiritueller oder religiöser Erkenntnis	31	32	44	46	4	28	18	68	0,000
5. Menschen können in Spiritualität anleiten und weiterführen	45	36	57	33	24	27	50	68	0,000
6. braucht keine spirituelle Anleitung, weiß selber, wo es langgeht	39	38	36	50	52	43	25	32	0,125
7. spirituelle/religiöse Vorstellungen nicht mehr zeitgemäß	10	71	4	8	26	83	83	48	0,003
8. spirituelle Einstellung	41	33	53	100	0	29	0	84	0,000
2: Führung, Kontrolle und Krankheitsbotschaft									
9. religiöse Einstellung	66	21	100	0	0	0	83	68	0,000
10. Leben ist vorherbestimmt	35	53	39	25	29	44	58	50	/
11. Krankheit hinnehmen und mit Fassung tragen	57	29	57	74	58	31	17	41	/
12. Arzt oder Therapeut helfen, Krankheit abzuwenden	55	22	62	64	54	19	36	21	/

	+	-	+			-			Signifikanz
	alle	alle	R+	S+ R-	R- S-	R+	S+ R-	R- S-	Chi²
13. Vertrauen in eine höhere tragende Macht	67	16	84	58	24	7	17	52	0,000
14. Vertrauen in innere Stärke	61	17	62	83	53	15	8	29	0,155
15. Auseinandersetzung mit sich selbst durch Krankheit	67	15	76	83	58	11	17	25	0,099
16. was zustößt, ist Hinweis, etwas im Leben zu ändern	74	12	77	75	87	11	25	9	/
* was zustößt, ist selbst verschuldet	22	23	17	25	42	58	50	50	0,032
* alles dreht sich um Krankheit	40	48	38	50	43	53	50	44	/
* durch Krankheit um Lebensziel/Lebenssinn betrogen	15	60	16	25	8	60	58	79	/
* Entwicklung neuer Ziele	47	34	50	33	58	33	50	33	/
* Krankheit als Chance für innere Entwicklung	60	24	69	75	52	23	25	36	0,157
A: Support in der Auseinandersetzung mit der Externalität durch Spiritualität/Religiosität (SpR)									
17. Ausübung von SpR spielt wichtige Rolle im Leben	49	36	70	25	0	18	50	96	0,000
18. bewusster Umgang mit Leben durch SpR	64	16	78	91	20	6	9	60	0,000
19. tiefere Beziehung mit Umwelt und Mitmenschen durch SpR	60	18	73	67	24	8	17	56	0,000
20. besserer Umgang mit Krankheit durch SpR	56	25	73	58	16	15	33	64	0,000
21. geistige und körperliche Gesundheit durch Ausübung der SpR	48	23	58	67	12	21	8	52	0,000
22. Krankheit wird aufgrund der spirituellen oder religiösen Überzeugungen als förderliches Ereignis für persönliche Entwicklung angesehen	40	37	50	50	12	31	33	68	0,000
23. Vertiefung der SpR durch Ausübung mit anderen	35	24	49	0	16	41	92	84	0,000

	+	-	+			-			Signifikanz
	alle	alle	R+	S+ R-	R- S-	R+	S+ R-	R- S-	Chi²
24. Vertiefung der SpR durch Ausübung alleine und in Stille	67	25	81	83	20	14	17	64	0,000
25. besondere Orte fördern SpR	74	19	81	83	56	13	8	44	0,001
* SpR hilft, wenn wichtige Entscheidungen anstehen	47	29	51	67	40	25	25	48	0,017
B: Stabilisierung der inneren Befindlichkeit durch Spiritualität/Religiosität									
26. Zufriedenheit und innerer Frieden durch SpR	58	19	59	75	32	18	40	32	0,007
27. bewusster Umgang mit Leben durch SpR	50	26	64	68	12	15	25	64	0,000
28. SpR bezieht sich auf höhere Kraft	60	24	72	33	44	15	50	40	0,06
29. SpR bezieht sich auf innere Kraft, die nichts mit äußeren Mächten zu tun hat	43	32	41	67	52	35	25	32	/

Angegeben ist der relative Anteil der zustimmenden (+ trifft genau zu bzw. trifft eher zu) und ablehnenden Antworten (– trifft gar nicht zu bzw. trifft eher nicht zu) von 129 Patienten. Aus Gründen der Übersichtlichkeit wurden die indifferenten Antworten („kann ich nicht sagen") nicht mit aufgeführt.
* Diese Fragen sind in der aktuellen Version 1.1 des SpREUK-Fragebogens eliminiert worden.

und setzen sich aufgrund ihrer Erkrankung wieder mehr mit sich selber auseinander; Krankheit wird sogar als Chance für ihre innere Entwicklung angesehen. Es sind nur wenige Patienten (15 %), die sich durch ihre Krankheit um ihr Lebensziel/ihren Lebenssinn betrogen fühlen.

Es sind insbesondere die R+, die ihr Vertrauen in einen höhere, sie tragende Macht setzen und deren Glaube sich auf eine höhere Instanz bezieht (externale Kontrollüberzeugung nach Rotter, 1966 und Levenson, 1972), während die S+R- Vertrauen in ihre innere Stärke haben und sich auch ihre Spiritualität eher auf innere Kraft, die nichts mit äußeren Mächten zu tun hat, bezieht (internale Kontrollüberzeugung) – sie nehmen ihre Krankheit „mit Fassung" hin. Von einer unbeeinflussbaren schicksalhaften Vorherbestimmung des Lebens (fatalistische externale Kontrollüberzeugung) sind weder die R+ noch die R- so recht überzeugt, sie setzen ihr Vertrauen gleichermaßen in einen helfenden Arzt oder Therapeuten (soziale externale Kontrollüberzeugung).

Weniger eindeutig sind die Antworten des Themenkomplexes der sinngebenden Rückbindung. Dass Krankheit sie dazu gebracht habe, sich wieder mit spirituellen oder religiösen Fragen zu beschäftigen, beantworten 45 % der Patienten zustimmend und 40 % eher ablehnend. Wenn man etwas genauer differenziert, dann sind es 75 % der S+R-, die zustimmen, aber nur 52 % der R+ (vielleicht auch, weil sie sich schon immer mit spirituellen oder religiösen Fragen beschäftigt haben); für die S-R- besteht hierzu erwartungsgemäß wenig Veranlassung (33 %).

Der Überzeugung, dass sie ihre Krankheit günstig beeinflussen können, wenn sie einen Zugang zu einer spirituellen Quelle finden könnten, sind 55 % der S+R-, 42 % der R+ und sogar 33 % der S-R-. Aber nur 8 % der S-R- wünschen sich tatsächlich einen Zugang zu Spiritualität/Religiosität, jedoch 64 % der S+R- (von den R+ sind es nur 28 % – vermutlich weil die meisten schon einen Zugang haben). Die meisten der R- können sich nicht vorstellen, dass sie durch Menschen (z. B. Pfarrer, Lehrer etc.) in ihrer Spiritualität angeleitet werden können, sie sind vielmehr der Auffassung, selber zu wissen,

„wo es lang geht", während die R+ natürlich von einer personalen Anleitung (auch aufgrund der konfessionellen Konvention) überzeugt sind.

Für die R+ und S+R- spielt die Ausübung von Religion bzw. Spiritualität einstellungsgemäß eine wichtige Rolle in ihrem Leben. Sie sind davon überzeugt, dass Religion bzw. Spiritualität ihnen hilft, mit dem Leben und ihrer Erkrankung bewusster umzugehen, geistige und körperliche Gesundheit zu erlangen, sie zu einer tieferen Beziehung mit der Umwelt und den Mitmenschen verhilft, die innere Kraft gefördert wird und sie bei der Ausübung der Spiritualität Zufriedenheit und inneren Frieden erfahren. Zur Förderung und Vertiefung der Spiritualität oder Religiosität werden von den R+ und S+R- natürlich besondere Orte aufgesucht; es sind aber auch 56 % der S-R-, die besondere Orte aufsuchen. Ob dies Ausdruck eines latenten Spiritualitätsbedürfnisses ist, kann nur vermutet werden.

Entgegen unseren Erwartungen ist es aber eher nicht die *gemeinsame* Ausübung der Spiritualität/Religiosität, die angestrebt wird, sondern die solitäre und individuelle Form. Selbst von den R+, bei denen man den ritualisierten sonntäglichen Gottesdienstbesuch annehmen könnte, sind es nur 49 %, die ihre Spiritualität/Religiosität erfahren und vertiefen, wenn sie gemeinsam mit anderen praktizieren, aber 81 %, wenn sie alleine und in Stille praktizieren.

Die Praxis der Religiosität und Spiritualität wird in einer gerade laufenden Untersuchung unserer Arbeitsgruppe besonders eruiert. Eine Zwischenauswertung an 57 Krebs- und MS-Patienten (Tabelle 3) ergab, dass die konventionellen Formen der religiösen Praxis (Beten, Kirchgang, Lesen religiöser/ spiritueller Bücher) von den meisten Patienten *selten* oder *nie* ausgeübt werden. Das Beten wird immerhin noch von 48 % regelmäßig oder häufig praktiziert. Ein großer Anteil rezitiert *nie* bestimmte (z. B. heilige) Texte, übt bestimmte Rituale aus, wendet eine Körper-Geist-Übung an oder meditiert. Ein großer Anteil der Patienten weist eine existenzialistisch und humanistisch geprägte Spiritualität auf: Sie arbeiten *häufig* an ihrer geistigen Entwicklung und versuchen, eine höhere Bewusstseinsstufe zu erlangen, machen sich Gedanken über den

Tabelle 3: Faktorenanalytische und deskriptive Auswertung der religiösen und spirituellen Praxis

SpREUK 1.1 – P	Ladung	Korrigierte Item-Total-Korrelation	Alpha bei eliminiertem Item ($\alpha = 0{,}8739$)	regelmäßig (%)	häufig (%)	selten (%)	nie (%)
1: existenzialistisch-naturalistische Praxis							
P14 Arbeit an geistiger Entwicklung	,799	,6475	,8612	27	**48**	11	9
P17 achtsamer Umgang mit Umwelt	,700	,4341	,8698	**55**	32	7	0
P15 höhere Bewusstseinsebene	,681	,7612	,8551	14	30	18	29
P9 Natur-Zuwendung	,628	,5430	,8656	25	**52**	13	5
P18 heilsame Wirkung auf Umwelt	,590	,4720	,8682	14	**43**	27	4
P16 Vermittlung positiver Werte und Ansichten	,562	,4842	,8677	20	**49**	20	7
P11 Erlangung von Erkenntnis	,553	,5996	,8631	30	**39**	21	4
P13 Arbeit an Selbstverwirklichung	,501	,6251	,8617	23	30	30	11
P12 Alles tun, damit es einem selber gut geht	,388	,2603	,8761	32	32	27	4
2: konventionell religiöse Praxis							
P5 Rezitation besonderer Texte	,732	,2706	,8746	2	11	27	**55**
P1 beten	,710	,5075	,8669	25	23	**34**	13
P10 nachdenken über den Sinn des Lebens	,611	,6481	,8619	32	**43**	18	2
P6 lesen religiöser/spiritueller Bücher	,537	,4521	,8693	7	13	**41**	30
P2 Kirchgang	,492	,3360	,8727	7	13	**54**	16

SpREUK 1.1 – P	Ladung	Korrigierte Item-Total-Korrelation	Alpha bei eliminiertem Item ($\alpha = 0{,}8739$)	regelmäßig (%)	häufig (%)	selten (%)	nie (%)
3: esoterische Praxis							
P7 Anwendung von Körper-Geist-Übungen	,756	,5263	,8662	9	13	25	**46**
P4 Meditation	,717	,5214	,8663	5	16	25	**46**
P8 Ausübung bestimmter Rituale	,649	,4125	,8704	5	14	30	**41**
P3 Einsatz für andere Menschen	,564	,2726	,8746	29	**48**	18	0

Zwischenauswertung einer laufenden Erhebung (n = 57; Alter: 52 ± 13 Jahre; 64 % weiblich, 36 % männlich; 91 % christlich, 7 % keine Konfession, 2 % fehlend). Fett hervorgehoben sind die Aussagen, denen mindestens 1/3 der Patienten zustimmen. In einigen Fällen wurden keine Angaben gemacht, so dass nicht immer 100 % erreicht wurden. Die Komponenten 1+2–3 erklären 50,2 % der Gesamt-Varianz.

Sinn des Lebens und suchen Erkenntnis (auch über sich selber), versuchen anderen positive Werte und Ansichten zu vermitteln und setzen sich für andere Menschen ein, wenden sich der Natur zu und versuchen sogar *regelmäßig,* achtsam mit der Umwelt umzugehen.

6. Geschlechtsspezifische Unterschiede der Einstellungen und Grundhaltungen

Einen signifikanten Unterschied zwischen den Antworten weiblicher und männlicher Patienten gab es nur für eine einzige Aussage: Frauen erleben ihre Krankheit signifikant häufiger als Chance für die innere Entwicklung als Männer (41 % vs. 29 %, $p = 0,033$; Chi2) – und es sind auch die Männer, die diese Frage häufiger verneinen (Ostermann *et al.,* 2004).

Im Trend sind es auch deutlich weniger Männer, die sich infolge ihrer Erkrankung wieder intensiver mit spirituellen oder religiösen Fragen beschäftigen, für die die Ausübung von Spiritualität/Religiosität eine wichtige Rolle in ihrem Leben spielt und eine Hilfe im Krankheitsumgang ist oder die ihre Spiritualität/Religiosität erfahren und vertiefen, wenn sie alleine und in Stille praktizieren.

7. Auswirkungen

Die Bedeutung von Spiritualität und Religiosität als Mittel zur Krankheitsbewältigung wird derzeit nicht nur in der Komplementärmedizin diskutiert (Matthiessen, 2002). Eine spirituelle Grundhaltung bzw. religiöse Praxis scheint einen günstigen Einfluss auf den Krankheitsumgang zu haben (Übersichten bei Ellison und Levin, 1998; Sloan *et al.,* 1999; Thoresen, 1999; Lukoff *et al.,* 1999; McCullough *et al.,* 2000; Luskin, 2000; Sloan und Bagiella, 2002; Powell *et al.,* 2003; Seeman *et al.,* 2003). Auch wenn die Validität der dieser Meinung zugrunde liegenden Studien von Wissenschaftlern kontrovers diskutiert wird (Sloan *et al.,* 1999; Koenig *et al.,* 1999; Sloan und Bagiella,

2002), so ist doch die Überzeugung der Patienten ausschlaggebend, dass ihnen ihr Glaube im Umgang mit ihrer Krankheit hilfreich ist. In einer Untersuchung von Silvestri *et al.* (2003) fiel auf, dass bei den medizinischen Entscheidungsprozessen bei Krebspatienten und ihren Angehörigen an erster Stelle die Meinung des behandelnden Arztes steht, aber schon an zweiter Stelle ihre Glaubensüberzeugung (Vertrauen in Gott), sogar vor dem Vertrauen in die Medikamente, während die behandelnden Onkologen das Vertrauen in Gott an letzte Stelle setzen.

Wir konnten nachweisen, dass Patienten ihre Krankheit als Hinweis erleben, etwas in ihrem Leben zu ändern; sie sehen sie sogar als Chance für ihre innere Entwicklung an. Dreiviertel der S+R- beschäftigen sich infolge ihrer Erkrankung (wieder) mit spirituellen oder religiösen Fragen und immerhin ein Drittel der S-R-. Die Patienten mit einer religiösen oder spirituellen Einstellung erleben, dass Religion bzw. Spiritualität ihnen hilft, mit dem Leben und ihrer Erkrankung bewusster umzugehen, eine tiefere Beziehung mit der Umwelt und den Mitmenschen zu erfahren sowie Gesundheit, Zufriedenheit und inneren Frieden zu erlangen. Mit einer lebensbedrohenden Erkrankung konfrontiert, sind viele der Überzeugung, dass sie ihre Krankheit günstig beeinflussen können, wenn sie einen Zugang zu einer spirituellen Quelle finden könnten, sogar ein Drittel der S-R-. Aber von diesen sind es nur sehr wenige, die auch tatsächlich einen Zugang zu Spiritualität/Religiosität suchen, während dies von den meisten der S+R- gewünscht wird. Es scheint also insbesondere die Gruppe der Patienten zu sein, die keinen Bezug mehr zu konfessionellen Strukturen hat, die ein besonderes Bedürfnis nach Sinn und Halt hat und große Hoffnung in die förderlichen Auswirkungen der Spiritualität für ihren Krankheitsverlauf setzt. Aber auch bei einem Drittel der Menschen ohne eine spirituelle oder religiöse Einstellung besteht hier ein Bedarf.

Bei vielen Patienten besteht jedoch ein Bedürfnis nach einer *individualisierten* Spiritualität, weniger nach einer ritualisierten *Communio* – sogar bei den religiös eingestellten Pa-

Für Lebende und Verstorbene beten
Collage zu El Greco (1541–1614), Christus auf dem Ölberg, 1607 (?),
169 × 112 cm

tienten ist es nur knapp die Hälfte, die ihre Spiritualität/Religiosität erfährt und vertieft, wenn sie gemeinsam mit anderen praktizieren, aber 81 %, wenn sie alleine und in Stille praktizieren. Die vorläufige Untersuchung der religiösen/spirituellen Praxis unserer Patienten deutet an, dass sich die vertikale Interaktion (Mensch – Gott) zu Gunsten einer horizontalen Interaktion (Mitmenschen und Umwelt) bzw. einer egozentrierten Haltung verschoben hat, was zwar die verstärkte Sensibilisierung für die Belange der Umwelt und des solidarischen Zusammenlebens betont, zum anderen aber auch die allgemeine Tendenz einer säkular orientierten Individualisierung bestätigt.

8. Konsequenzen

Die dargestellten Unterschiede in den grundlegenden Einstellungen der R+S-, R+S+, R-S+ und R-S- sollten in der Begleitung von Patienten mit lebensverändernden Erkrankungen Berücksichtigung finden. Es ist jedoch unklar, wie (1) die vorhandenen Resourcen im Krankenhausalltag angesprochen werden sollten, und (2) wie sie insbesondere bei den Patienten geweckt werden können, die sich von der institutionalisierten Religiosität abgewendet haben. In der Regel wird die Zuständigkeit für die spirituelle Seite der Patienten an den Pfarrer oder den Psycho(onko)logen deligiert und damit völlig aus der Arzt-Patienten-Begegnung herausgelöst. Es mag durchaus zutreffen, dass das medizinische Personal keine Zeit, Courage oder sogar Interesse hat, diese Seite des Patienten anzusprechen (Peach, 2003; Post und Puchalski, 2000), oder sich mit einem eingeschränkten Interesse der Patienten konfrontiert sieht, über solch persönliche Dinge überhaupt zu sprechen (Ehman *et al.*, 1999) – obwohl es sich viele durchaus wünschen (King und Bushwick, 1994).

Hier liegt die Chance der *Caritas*: zum einen Wege und Möglichkeiten zu schaffen, die der Fragmentierung der Zuständigkeiten und der Spezialisierung entgegenwirken, damit es wieder zu einer zuhörenden Begegnung von Mensch zu

Mensch kommen kann, die versucht, den rat- und hilflosen Menschen in seiner „Ganzheit" anzusehen – und zum anderen spirituelle Angebote zu entwickeln, die über die konventionellen Formen hinausgehen und/oder sie wieder mit neuem Geist (hebr. *ruach,* Atem, Wind) füllen. Hierbei darf nicht das ökonomische Interesse als Argument missbraucht werden, dass es kaum möglich sei, das salutogenetische Potential des Patienten adäquat anzusprechen und ihn auch noch für seine spirituellen Seiten zu sensibilisieren.

Es ist von zentraler Bedeutung, dass die Spiritualität in ihrer besonderen Bedeutung für die Krankheitsbewältigung und die Sinnfindung (der wichtigsten Komponente des Kohärenzgefühls nach Antonovsky) in der Begleitung von Patienten Raum finden muss. Auch wenn dies eine Utopie zu sein scheint, so ist es eine ständige Herausforderung an Ärzte, Pflegende, Psychologen und Seelsorger, den Patienten mit all seinen Bedürfnissen ernst zu nehmen und auch selber übergreifende Kompetenzen zu entwickeln.

Anmerkung

Die aktuelle Version des SpREUK-Fragebogens kann von den Autoren angefordert werden.

Literatur

Antonovsky, A., Unraveling the mystery of health, San Francisco 1987.
Biscoping, J., Christliches Profil als Chance, in: Vincenz aktuell 39/2003, 4–5.
Büssing, A., Regen über den Kiefern. Zen-Meditation für chronisch Kranke und Tumorpatienten, Stuttgart 2001.
Büssing, A./Ostermann, Th./Matthiessen, P. F., Are male patients less interested in spirituality? Results of an open survey with the SpREUK questionnaire, in: 16th International Conference on System Research, Informatics & Cybernetics. The International Institute for Advanced Studies in Systems Research and Cybernetics, 2004 (in press).
Ellison, C. G./George, L. K., Religious involvement, social ties, and

social support in a southeastern community, in: Journal for the Scientific Study of Religion 33(1)/1994, 46–61.

Ehman, J. W./Ott, B. B./Short, T. H. et al., Do patients want physicians to inquire about their spiritual or religious beliefs if they become gravely ill?, in: Arch Intern Med 159/1999, 1803–1806.

Jagodzinski, W./Dobbelaere, K., Der Wandel kirchlicher Religiosität in Westeuropa, in: Bergmann, J./Hahn, A./Luckmann, Th. (editors), Religion und Kultur. Sonderheft 33 der „Kölner Zeitschrift für Soziologie und Sozialpsychologie", Opladen 1993, 68 bis 91.

Klein, M., Der Esoterik-Boom. Sie wollen sich selbst erlösen, in: Idea-Spektrum – Nachrichten und Meinungen aus der evangelischen Welt 35/2000, 16–17.

King, D. E./Bushwick, B., Beliefs and attitudes of hospital inpatients about faith healing and prayer, in: J Fam Pract. 39/1994, 349–352.

Koenig, H. G. / Idler, E. / Kasl, S. / Hays, J. C. / George, L. K. / Musick, M. / Larson, D. B. / Collins, T. R. / Benson, H., Religion, Spirituality, and Medicine: A Rebuttal To Skeptics, in: International Journal of Psychiatry in Medicine 29/1999, 123–131.

Levenson, H., Multidimensional locus of control in psychiatric patients, in: Journal of Consulting & Clinical Psychology 41/1973, 397–404.

Lukoff, D./Provenzano, R./Lu, F./Turner, R., Religious and spiritual case reports on Medline: A Systematic analysis of records from 1980–1996, in: Alternative Therapies in Health and Medicine 5/1999, 64–70.

Luskin, F. M., A review of the effect of religious and spiritual factors on mortality and morbidity with a focus on cardiovascular and pulmonary disease, in: Journal of Cardiopulmonary Rehabilitation 2/2000, 8–15.

Matthiessen, P. F., Prinzipien der Heilung im Neuen Testament, in: Fuchs, B./Kobler-Fumasoli, N. (Hg.), Hilft der Glaube? Münster 2002, 146–175.

McCullough, M. E./Hoyt, W. T./Larson, D. B./Koenig, H. G./Thoresen, C., Religious involvement and mortality: A meta-analytic review, in: Health Psychology 19/2000, 211–222.

Ostermann, Th./Büssing, A./Matthiessen, P. F., Pilotstudie zur Entwicklung eines Fragebogens zur Erfassung der spirituellen und religiösen Einstellung und des Umgangs mit Krankheit (SpREUK). Forschende Komplementärmedizin und Klassische Naturheilverfahren 2004 (accepted for publication).

Peach, H. G., Religion, spirituality and health: how should Australia's medical professionals respond?, in: Med J Aust 178/2003, 86–88.

Post, S. G./Puchalski, C. M./Larson, D. B., Physicians and patient spirituality: professional boundaries, competency, and ethics, in: Ann Intern. Med 132/2000, 578–583.

Powell, L. H./Shahabi, L./Thoresen, C. E., Religion and spirituality. Linkages to physical health, in: American Psychologist 58/2003, 36–52.

Rotter, J., Generalized expectations for internal versus external control reinforcement, in: Psychological Monographs: General and Applied Psychology 80/1966, 1–27.

Schnabel, U., Wie man in Deutschland glaubt, in: Die Zeit, 22. Dezember 2003, 34–35.

Seemann, T./Dubin, L. F./Seemann, M., Religiosity/Spirituality and Health. A critical review of the evidence for biological pathways, in: American Psychologist 58/2003, 53–63.

Silvestri, G. A./Knittig, S./Zoller, J. S./Nietert, P. J., Importance of faith on medical decisions regarding cancer care, in: Journal of Clinical Oncology 21/2003, 1379–1382.

Sloan, R. P./Baglella, E./Powell, T., Religion, spirituality, and medicine, in: The Lancet 353/1999, 664–667.

Sloan, R. P./Bagiella, E., Claims about religious involvement and health outcomes, in: Annals of Behavioral Medicine 24/2002, 14–21.

Thoresen, C. E., Spirituality and Health: Is There a Relationship?, in: Journal of Health Psychology 4/1999, 291–300.

Anhang

Zu den Collagen des Künstlers Peter Beckmann

Grafikfolgen, Collagen, Computerbilder illustrieren, erläutern. Peter Beckmanns Arbeiten machen die Werke der Barmherzigkeit jeweils an einem Beispiel deutlich. Der Künstler zentriert Gottes Barmherzigkeit. Jesus Christus ist der Kopf des Ganzen – dessen Darstellung hat Beckmann jeweils dem Bildzusammenhang bedeutender Kunstwerke entnommen, z. B. der Darstellung der Durstigen aus der „Hochzeit zu Kana" von Paolo Veronese (1528–1588). Hinzugefügte Versatzstücke und Einzelelemente wie Rotweingläser, Tempotücher oder Big Mac, aber auch ganz menschliche Zeichen laden zur Auseinandersetzung ein. Die unsignierte Aufforderung in Beckmanns Gebrauchskunst lautet: Mach dir dein eigenes Bild vom Bild (E. T. Keller)! Der Mensch soll sich seine eigenen Gedanken machen und für jeden wird sich ein Bild individuell verschieden zeigen (R. Kästner). Und so entstehen neue Menschenbilder – banal und symbolisch zugleich.

Im Buch tauchen die Illustrationen in der klassischen Reihenfolge auf, zunächst die leiblichen, dann die geistigen Werke der Barmherzigkeit (vgl. die Abfolge im Zitat unten aus dem Katholischen Erwachsenen-Katechismus). Als Interpretationshilfe Folgendes:

Die Werke der Barmherzigkeit *sind Liebestaten, durch die wir unserem Nächsten in seinen leiblichen und geistigen Bedürfnissen zu Hilfe kommen (vgl. Jes 58,6–7; Hebr 13,3). Belehren, raten, trösten, ermutigen sowie vergeben und geduldig ertragen sind geistliche Werke der Barmherzigkeit. Leibliche Werke der Barmherzigkeit sind vor allem: die Hungrigen speisen, Obdachlose beherbergen, Nackte bekleiden, Kranke und Gefangene besuchen und Tote begraben (vgl. Mt 25,31–46) (Katechismus der katholischen Kirche, München u. a. 1993, 2447).*

Die traditionellen sieben leiblichen („Hungrige speisen, Durstige tränken, Nackte bekleiden, Fremde beherbergen, Kranke besuchen, Gefangene erlösen und Tote begraben") und sieben geistigen („Unwissende lehren, Zweifelnde beraten, Trauernde trösten, Sünder zurechtweisen, Beleidigern verzeihen, Lästige ertragen, für Lebende und Verstorbene beten) Werke (Katholischer Erwachsenen-Katechismus, Bd. 2: Leben aus dem Glauben, hg. von der Deutschen Bischofskonferenz, Freiburg/Kevelaer u. a. 1995, 67) sind im Kontext der modernen Gesellschaft durch eine pastorale Praxis zu verwirklichen, die intersubjektiv als empathische Prosozialität, strukturell als organisierter Dienst an der menschlichen Subjektwerdung und sozialpolitisch als parteiliche Solidarität erfahren werden kann und so die Barmherzigkeit Gottes (vgl. Enzyklika Dives in misericordia*) theologisch stimmig bezeugt (Lexikon für Theologie und Kirche, Bd. 10, Freiburg u. a. 2001, 1099 f.).*

Kurzbiographie Peter Beckmann

1953	in Bochum geboren
1970	Beginn eigenständiger künstlerischer Arbeiten
1973	Beginn des Studiums
1975	Erste Teilnahme an Gruppenausstellungen
1980	Erste Galerieausstellung
1981	Fertigstellung der Grafikfolge „*Totentanz von Basel*"
1985	Bemalung von Linienbussen in Bochum und Düsseldorf
1989	Fertigstellung der Grafikfolge „*Noch ein Totentanz*"
1993	Serie „*12 Deutsche Juden*"
1996	Erstes Fax-Art-Bild
1998	Papier- und Pappskulpturen (Auflage 1 bis 50 000)
1999	20 „*Schwarze Bilder*" zum Kosovo-Krieg
2002	„*Bildstörungen*" – Faxbilder zur fehlenden Filmberichterstattung aus dem Krieg in Afghanistan
2004/2005	52 Wochen Ausstellungsreihe „*Der laufende Wahnsinn*" (Bilder und Zeitungsschlagzeilen)

Einzelausstellungen (Auswahl)

1980	Galerie Sprick, Bochum
1982	camera obscura, Bochum
	Kunstverein Hattingen
1986	Museum im Zwinger, Goslar
1993	Skulpturenmuseum Glaskasten, Marl
	Kunsthaus Lübeck
1996	Loebecke-Museum, Düsseldorf
	Kunsthaus Samoticha, Bochum
	Kunsthaus Lübeck
1997	Museum der Stadt Gladbeck
	Galerie Silberstein, Schwarzenberg

Insgesamt fast 100 Einzelausstellungen und Aktionen

Autorenverzeichnis

Bik, Andreas, geboren 04.02.1958, Krankenpfleger und Diplom-Betriebswirt, gehört zum Vorstand der Stiftung St. Ludgeri in Essen-Werden. Die Stiftung wurde 1842 gegründet und betreibt sowohl ein Wohn- und Pflegeheim mit 150 Plätzen als auch 92 Einheiten Wohnen mit Service in Kooperation mit einer Wohnungsgesellschaft.

Bonerz, Georg, geboren 24.12.1949, Kaufmann und Betriebswirt, ist Geschäftsführer der Katholischen Altenwohn- und Pflegeheim Marienhaus gGmbH in Essen. Das Marienhaus, eine Einrichtung mit 102 vollstationären Pflegeplätzen und zehn solitären Kurzzeitpflegeplätzen, befindet sich in der Innenstadt von Essen und wurde vor vier Jahren neu gebaut. Es verfügt nur über Einzelzimmer und ist seit 01.07.2003 eine „zertifizierte Einrichtung".

Büssing, Arndt, Dr. med. habil., Privatdozent, geboren 21.07.1962, ist Leiter der Abteilung für angewandte Immunologie und Mitarbeiter der Tumorambulanz des Gemeinschaftskrankenhauses Herdecke, wo er sich seit Jahren um die Erforschung und Anwendung von Begleittherapien für Tumorpatienten kümmert, und Mitarbeiter am „Lehrstuhl für Medizintheorie und Komplementärmedizin" der Universität Witten/Herdecke, wo er das Forschungsprojekt „Spiritualität und Krankheitsumgang" verfolgt. Er ist Autor zahlreicher medizinischer Fachartikel und Herausgeber verschiedener Bücher, u.a. „Regen über den Kiefern. Zen-Meditation für chronisch Kranke und Tumorpatienten", Johannes M. Mayer Verlag, Stuttgart (2002), und „Am anderen Ufer des Meeres. Zen-inspirierte Psalmen", Theseus Verlag, Berlin (2003).

Fendrich, Herbert, geboren 1953, Studium der Katholischen Theologie und der Germanistik für das Lehramt am Gymnasium (2. Staatsexamen 1981) und der Kunstgeschichte (Promotion

1988), ist seit 1981 im Dienst des Bistums Essen, zunächst in verschiedenen Bereichen der theologischen Erwachsenenbildung; seit 1993 Bischöflicher Beauftragter für Kirche und Kunst im Bistum Essen, Leiter der Abteilung „Kirche und Kunst" im Bischöflichen Generalvikariat, Vorsitzender der „Kommission für Bau-, Kunst- und Denkmalpflege" sowie Dozent für Kunst am Bischöflichen Priesterseminar in Bochum. Umfangreiche Lehr- und Vortragstätigkeit und zahlreiche Veröffentlichungen im Schnittfeld von Religion und Kunst, Theologie und Bild, zuletzt „Glauben. Und Sehen – Von der Fragwürdigkeit der Bilder", Aschendorff-Verlag, Münster (2004).

Groeger, Rolf, geboren 05.07.1951, Versicherungskaufmann und Betriebswirt (staatl. geprüft), ist Geschäftsführer der Katholischen Alten- und Pflegeheime Essen mGmbH mit den Häusern St. Anna und St. Monika. Das Haus St. Anna hat 115 vollstationäre Pflegeplätze, acht Altenwohnungen, Klausur mit drei Ordensschwestern, Cafeteria, Kapelle und Palliativ Care durch eine Gruppe von Haupt- und Ehrenamtlichen, katholische und evangelische Seelsorge. Das Haus St. Monika hat 68 vollstationäre Pflegeplätze, Kapelle, Palliativ Care durch eine Gruppe von Haupt- und Ehrenamtlichen, katholische und evangelische Seelsorge.

Holling, Agnes, Prof. Dr. phil., Jahrgang 1938, Diplom-Pädagogin, ist ehrenamtliche Vorsitzende des Landes-Caritasverbandes für Oldenburg e.V. Nach Abitur Studium der Pädagogik und Religionspädagogik, Lehramt an Grund-, Haupt- und Realschulen. Weiterstudium Diplom-Pädagogik, Promotion in Philosophie. Zusatzausbildung in Familientherapie, Supervision und Organisationsberatung. Nach Schulpraxis wissenschaftliche Assistentin an einer Hochschule, anschließend Hochschullehrerin an der Katholischen Fachhochschule Norddeutschland für Sozialwesen. Lehrveranstaltungen in Pädagogik, außerschulischer Bildung und Erziehung, Familientherapie, systemischer Sozialarbeit. Daneben Tätigkeit in einer psychologischen Beratungsstelle.

Kampling, Markus, geboren 13.05.1954, Krankenpfleger, Studium Lehre und Leitung in der Krankenpflege, Wundmanager, Auditorenausbildung im Qualitätsmanagement, ist seit 2000 Pflegedienstleiter, seit 2001 Geschäftsführer der Katholischen Pflegehilfe e.V. und seit 2002 Geschäftsführer der Katholischen Pflegehilfe Essen mGmbH. Die Katholische Pflegehilfe ist in 27 Kirchengemeinden der Stadt Essen tätig und versorgt weit über 700 Patientinnen und Patienten im gesamten Stadtgebiet. Der e.V. fördert und unterstützt die ambulante Kranken- und Altenpflege im Sinne caritativer Arbeit. 2002 wurde eine mGmbH als Tochtergesellschaft gegründet. Dort pflegen und betreuen Menschen aus den Kirchengemeinden Menschen in der Kirchengemeinde, um eine hohe Identifikation zu erzielen. Den Patientinnen und Patienten wird ein selbst bestimmtes Leben in der gewohnten Umgebung unter Einbindung aller notwendigen und möglichen Ressourcen ermöglicht.

Kramer, Hans, geboren 18.12.1936, Professor em. für Moraltheologie an der Katholisch-Theologischen Fakultät der Ruhr-Universität Bochum; Promotion in Freiburg i. Br., Habilitation in Würzburg. Über Jahre Vorsitzender der Arbeitsgemeinschaft deutscher Moraltheologen. Schwerpunkte in der wissenschaftlichen Arbeit: Psychologische und theologische Anthropologie, medizinische Ethik, Krankendienst, Familie und Methodologie der theologischen Ethik.

Ostermann, Thomas, Dr. rer. medic., geboren 04.05.1970, Studium der Mathematik und Physik in Osnabrück mit Schwerpunkt Mathematische Modelle und Angewandte Systemtheorie. 1996 bis 1997 wissenschaftlicher Mitarbeiter am „Lehrstuhl für Normale und Pathologische Physiologie" der Universität Witten/Herdecke. Seit 1998 wissenschaftlicher Mitarbeiter am „Lehrstuhl für Medizintheorie und Komplementärmedizin" mit dem Arbeitsschwerpunkt Versorgungsforschung und Qualitätsmanagement. Er ist Autor zahlreicher Fachartikel zur Komplementärmedizin und Herausgeber des Buches „Einzelfallforschung in der Medizin", VAS-Verlag, Frankfurt (2003).

Patzek, Martin, Dr. theol., geboren 12.10.1944, Studium der Theologie und Philosophie in Bonn, Würzburg und Bochum. Priester des Bistums Essen. Nach Kaplansjahren in Witten-Herbede, Duisburg und Essen Seelsorger in der Kirche unter Soldaten (Augustdorf und Bonn). Danach Studentenpfarrer an der Ruhr-Universität und den Fachhochschulen Bochums. 1989 Promotion in Freiburg (Caritaswissenschaft). Geistlicher Begleiter der Caritas-Konferenzen Deutschlands (1986–2002). Caritasdirektor und Geschäftsführer des Caritasverbandes für die Stadt Duisburg (1991–1998). Geistlicher Begleiter der Caritas im Bistum Essen. Pfarrer in Vierzehnheiligen, Bochum-Weitmar (bis 2004). Dozent für Caritaswissenschaft am Erzbischöflichen Diakoneninstitut, Köln, und für pastorale Mitarbeiter(innen) im Bistum Essen. Moderator für Leitbildprozesse. Zahlreiche Veröffentlichungen, besonders für Mitarbeiter(innen) und Zielgruppen der Caritas.

Priegnitz, Ottfried, geboren 26.10.1952, Krankenpfleger. Studium „Pflegemanagement" an der Katholischen Fachhochschule Osnabrück mit dem Abschluss Diplom-Pflegewirt. Betriebsleiter Personal/Organisation (Personalmanagement, Marketing, Qualitätsmanagement) des „Katholischen Krankenhauses St. Elisabeth Blankenstein gGmbH". Die Klinik gehört zum Klinikverbund „Katholisches Klinikum Bochum gGmbH". Sie ist ein Akutkrankenhaus mit den Abteilungen für Naturheilkunde, Innere Medizin, Chirurgie, Anästhesie und Schmerzambulanz sowie einer HNO-Belegarztabteilung. Seit 1997 ist durch eine strukturelle Veränderung in der Klinik eine „Hauptabteilung für Naturheilkunde" mit 60 Betten integriert. Dies war die erste Modellabteilung in NRW.

Riße, Günter, Dr. theol., geboren 24.04.1954, Instituts- und Studienleiter des Erzbischöflichen Diakoneninstituts, Köln, zudem dort Dozent für Fundamentaltheologie. Professor für Religionswissenschaft an der Philosophisch-Theologischen Hochschule Vallendar. Schriftleiter von „Lebendiges Zeugnis", einer Schriftenreihe des Bonifatiuswerkes der deutschen Katholiken, Paderborn. Erster Vorsitzender des „Internationalen Institutes für missionswissenschaftliche Forschungen e. V." (IIMF).

Roth, Meinolf, geboren 16.08.1956, Studium der Wirtschaftswissenschaften und der Politik in Essen. Geschäftsführer der Theresia-Albers-Stiftung in Hattingen-Bredenscheid. Die Theresia-Albers-Stiftung, hervorgegangen aus dem Orden der Schwestern zum Zeugnis der Liebe Christi, ist Trägerin von Alten- und Behinderteneinrichtungen in Hattingen und betreibt über ihre Tochtergesellschaft KBT weitere Altenhilfeeinrichtungen von Kirchengemeinden im Ennepe-Ruhr-Kreis.

Schroeder, Günter, geboren 27.03.1950; Besuch einer Maristenschule, Realschulabschluss, Abitur. Ausbildung zum Bürokaufmann, Diplom der Einzelhandelsakademie „Springe und Deister". 1970–1991 leitender Mitarbeiter in verschiedenen Filialen der Karstadt AG, zuletzt Personal- und Organisationsleiter in Gelsenkirchen-Buer. Verheiratet, zwei Kinder. Seit 1991 Verwaltungsleiter des St. Josefshauses in Witten-Herbede, seit 01.01.1999 Geschäftsführer der Katholischen Altenzentrum St. Josefshaus Herbede gGmbH. Das Altenzentrum ist eine vollstationäre Einrichtung für 80 Bewohnerinnen und Bewohner nahe dem Kemnader See. Verwaltung von 47 Wohneinheiten für alte und behinderte Menschen.

Vorrath, Franz, geboren 09.07.1937, Weihbischof in Essen. Nach dem Abitur am Leibniz-Gymnasium in Essen-Altenessen Studium der Theologie und Philosophie in Bonn und München. Priesterweihe 1962, anschließend Kaplan in Witten-Herbede und Duisburg-Wannheimerort. 1973 Stadtjugendseelsorger in Duisburg, 1975 Diözesanjugendseelsorger im Bistum Essen. 1982 Diözesanpräses der KAB im Bistum Essen. Von 1986 bis 1996 Pfarrer an St. Joseph in Oberhausen-Styrum. Am 07.01.1996 Bischofsweihe, seitdem Bischofsvikar für die Caritas und Vorsitzender des Caritasverbandes für das Bistum Essen e.V.

Veröffentlichungen von Martin Patzek

1. Bücher

Gottesdienste – nicht nur für junge Leute. Band 1–3, Paderborn 1979–1982

Vorbilder für heute. Gottesdienste. Band I–IV, Paderborn 1983 bis 1985

Wir wissen mehr, als wir verstehen. Worte – Bilder – Bibel (Mosaiksteine), mit Zeichnungen von Theodor de Poel, Paderborn 1983

Augenblick „mal". Ein- und Ausblicke, mit Cartoons von Fred Marcus, Paderborn 1985

Wie freue ich der Botschaft mich. Meditationen zu Darstellungen in der Kapelle im Haus des Katholischen Militärbischofs zu Bonn, Bonn 1985

Ursymbole im Gottesdienst. Modelle – Anregungen – Hilfen, Würzburg 1988

Auf dein Wort, Herr. Caritasgebete, Freiburg 1988 (mehrere Auflagen)

Im Dienste der Jugend – offen dem Anruf der Zeit, Elisabeth Denis und IN VIA – Deutscher Verband katholischer Mädchensozialarbeit. Theologische Dissertation, Theologische Fakultät der Albert-Ludwigs-Universität Freiburg i. Br., Arbeitsbereich Caritaswissenschaft und Christliche Sozialarbeit, Freiburg 1989

Die Elemente der heiligen Messe. Thematische Gottesdienstmodelle, Würzburg 1989

Leib- und Seelsorge. Männer und Frauen der Nächstenliebe, Würzburg 1990

Sag uns, wie wir beten sollen. Gebete für jeden Tag, Kevelaer 1991

Wer nur den lieben Gott lässt walten. Alte Gebete und Lieder, Kevelaer 1992 (mehrere Auflagen)

Lebensernte. Lieder und Gebete für Ältere, Kevelaer 1993

Lust auf Caritas und Diakonie. Christinnen und Christen setzen Akzente, Neun Themen caritativer Diakonie, Kevelaer 1995

Ihr habt mich besucht. Zuspruch in Krankheit und Leid, Kevelaer 1995/1998

Bleibe bei uns, Herr – In Freude und Hoffnung, Trauer und Angst. Hrsg. von den Caritas-Konferenzen Deutschlands (CKD), Kevelaer 1996

Denn ihnen gehört der Himmel. Gebete von und mit Kindern, Kevelaer 1997/2002

Was soll ich für dich tun? Ansteckendes Zeugnis des Caritaspfarrers Johannes Pütz, Kevelaer 1999
Gebt ihr ihnen zu essen! Akzente der Caritas, Kevelaer 1999
Wer nur den lieben Gott lässt walten. Alte Gebete und Lieder, Hörbuch (mit CD), Kevelaer 2000
Arznei für Leib und Seele. Gebete in Krankheit und Leid, Kevelaer 2002
Caritas plus ... Qualität hat einen Namen: Caritas, Kevelaer 2004

2. Aufsätze, Jahrbücher u. a. (Auszug)

Gottesdienste mit Kindern und Jugendlichen. Monatlicher Jugendgottesdienst, Aachen 1978–1987
Siebzehn. Illustrierte Monatszeitschrift für junge Christen. Monatliche Gottesdienstvorschläge zum „Thema des Monats", Steyl 1985–1989
Begegnen und Helfen. Zeitschrift für caritative Helfergruppen, Besinnungen u. a., Freiburg 1986–2002
Kirche an der Hochschule. Themen und Texte:
- Leben suchen mit Leidenschaft, Bochum 1986
- Der/Die Nächste bitte! Bochum 1987
- Übungsgelände, Bochum 1988
- Ein Schiff, das sich Gemeinde nennt, Bochum 1989
- ... und verändern die Zeit, Bochum 1990

Die Botschaft heute. Exegese zu den Schriftlesungen und Predigtentwürfe, Aachen 1988 ff.
Caritas-Jahrbuch, Freiburg:
- Aufgaben und Möglichkeiten geistlicher Beratung, Caritas 88, 19–24

Lebendiges Zeugnis. Eine Schriftenreihe des Bonifatiuswerkes der deutschen Katholiken, Paderborn:
- Mitmensch sein aus der Liebe Christi, 1993, 15–174
- Blickpunkt Caritas – Geistliche Begleitung, 2000, 202–218

Hirschberg. Monatsschrift des Bundes Neudeutschland, Frankfurt:
- Im „vergessenen Kontinent" Afrika – Bei den „Handmaids" in Afrika, 1998, 283–285

Ruhr-Wort. Wochenzeitung im Bistum Essen:
- Zum Sonntag, Besinnungen, Essen 2002 ff.

Lieferbare Bücher von Martin Patzek

Arznei für Leib und Seele
Gebete in Krankheit und Leid
ISBN 3-7666-0442-2

Wer nur den lieben Gott lässt walten
Alte Gebete und Lieder
Mit CD
ISBN 3-7666-0314-0

„Gebt ihr ihnen zu essen!"
Akzente der Caritas
ISBN 3-7666-0232-2

„Was soll ich für dich tun?"
Ansteckendes Zeugnis des Caritaspfarrers Johannes Pütz
ISBN 3-7666-0211-X

Denn ihnen gehört der Himmel
Gebete von und mit Kindern
ISBN 3-7666-0113-X

Bleibe bei uns, Herr
In Freude und Hoffnung, Trauer und Angst
ISBN 3-7666-0043-5

Ihr habt mich besucht
Zuspruch in Krankheit und Leid
ISBN 3-7666-9965-2

Lust auf Caritas und Diakonie
Christinnen und Christen setzen Akzente
ISBN 3-7666-9937-7

Sag uns, wie wir beten sollen
Gebete für jeden Tag
ISBN 3-7666-9724-2